最新法律文件解读丛书

商事法律文件解读

总第 177 辑(2019.9)

最新法律文件解读丛书编选组　编

人民法院出版社

图书在版编目(CIP)数据

商事法律文件解读．总第177辑/最新法律文件解读丛书编选组编．--北京:人民法院出版社，2019.11
(最新法律文件解读丛书)
ISBN 978-7-5109-2669-3

Ⅰ.①商…　Ⅱ.①最…　Ⅲ.①商法—法律解释—中国
Ⅳ.①D923.995

中国版本图书馆CIP数据核字(2019)第237105号

商事法律文件解读．总第177辑
最新法律文件解读丛书编选组　编

责任编辑　路建华
出版发行　人民法院出版社
地　　址　北京市东城区东交民巷27号　邮编　100745
电　　话　(010)67550660(责任编辑)　67550558(发行部查询)
65223677(读者服务部)
客服QQ　2092078039
网　　址　http://www.courtbook.com.cn
E-mail　courtbook@sina.com
印　　刷　三河市国英印务有限公司
经　　销　新华书店
开　　本　787毫米×1092毫米　1/16
字　　数　140千字
印　　张　8
版　　次　2019年11月第1版　　2019年11月第1次印刷
书　　号　ISBN 978-7-5109-2669-3
定　　价　22.00元

卷首语

在上海证券交易所设立科创板并试点注册制，是中央实施创新驱动发展战略、推进高质量发展的重要举措，是深化资本市场改革的重要安排。为充分发挥人民法院审判职能作用，共同促进发行、上市、信息披露、交易、退市等资本市场基础制度改革统筹推进，维护公开、公平、公正的资本市场秩序，保护投资者合法权益，最高人民法院于2019年6月20日印发了《最高人民法院关于为设立科创板并试点注册制改革提供司法保障的若干意见》（以下简称《意见》）。本辑刊登了《意见》。

在“司法实务问题研究”栏目，本辑刊登了《破产案件中的财产腾空问题研究——以温州市瓯海区人民法院审理的破产案件为例》。该文以温州市瓯海区人民法院审理的破产案件为例，分析破产案件财产处置现状和破产财产腾空难的主要原因，并根据实践经验探讨对策，以期解决破产财产腾空难的问题，从而推进破产案件的审理进程，保障债权人、债务人利益，维护社会稳定。

在“新类型疑难案例选评”栏目，本辑刊登了《柯某锋诉陈某伟股权转让纠纷案》。该案的裁判阐明对于起诉状陈述的事实反悔，应依据诚实信用原则作出较为合理的解释。股权转让协议及工商登记变更属商事公示要件，当事人没有提供直接证据以证实股权代持的事实，应当承担举证不能的法律后果。

《最新法律文件解读》丛书

编　辑　部

范春雪　(010) 67550525

姜　峤　(010) 67550573

丁丽娜　(010) 67550608

张　奎　(010) 67550673

路建华　(010) 67550660

执行编辑　路建华

邮　　箱　shangshijiedu@126.com

目　录

[司法解释、司法指导性文件与解读]

最高人民法院

印发《关于为设立科创板并试点注册制改革提供司法保障的若干意见》的通知

2019年6月20日　　　　法发〔2019〕17号

各省、自治区、直辖市高级人民法院，解放军军事法院，新疆维吾尔自治区高级人民法院生产建设兵团分院：

现将《最高人民法院关于为设立科创板并试点注册制改革提供司法保障的若干意见》印发给你们，请认真贯彻执行。

最高人民法院

关于为设立科创板并试点注册制改革提供司法保障的若干意见

在上海证券交易所（以下简称上交所）设立科创板并试点注册制，是中央实施创新驱动发展战略、推进高质量发展的重要举措，是深化资本市场改革的重要安排。为充分发挥人民法院审判职能作用，共同促进发行、上市、信息披露、交易、退市等资本市场基础制度改革统筹推进，维护公开、公平、公正的资本市场秩序，保护投资者合法权益，现就注册制改革试点期间人民法院正确审理与科创板相关案件等问题，提出如下意见。

一、提高认识，增强为设立科创板并试点注册制改革提供司法保障的自觉性和主动性

1. 充分认识设立科创板并试点注册制的重要意义。习近平总书记在首届中国国际进口博览会开幕式上宣布在上海证券交易所设立科创板并试点注册制，充分体现了以习近平同志为核心的党中央对资本市场改革发展的高度重视和殷切希望。中央经济工作会议提出，资本市场在金融运行中具有牵一发而动全身的作用，要通过深化改革，打造一个规范、透明、开放、有活力、有韧性的资本市场。从设立科创板入手，稳步试点股票发行注册制，既是深化金融供给侧结构性改革、完善资本市场基础制度的重要体现，也有利于更好发挥资本市场对提升关键技术创新和实体经济竞争力的支持功能，更好地服务高质量发展。各级人民法院要坚持以习近平新时代中国特色社会主义思想为指导，认真落实习近平总书记关于资本市场的一系列重要指示批示精神，妥善应对涉科创板纠纷中的新情况、新问题，把保护投资者合法权益、防范化解金融风险作为证券审判的根本性任务，为加快形成融资功能完备、基础制度扎实、市场监管有效、投资者合法权益得到有效保护的多层级资本市场体系营造良好司法环境。

2. 准确把握科创板定位和注册制试点安排。科创板是资本市场的增量改革，也是资本市场基础制度改革创新的“试验田”。科创板主要服务于符合国家战略、突破关键核心技术、市场认可度高的科技创新企业，发行上市条件更加包容，不要求企业上市前必须盈利，允许“同股不同权”企业和符合创新试点规定的红筹企业上市，实行更加市场化的发行承销、交易、并购重组、退市等制度。根据全国人大常委会授权，股票发行注册制改革过程中调整适用《中华人民共和国证券法》关于股票公开发行核准制度的有关规定。本次注册制试点总体分为上交所审核和证监会注册两个环节，证监会对上交所的审核工作进行监督，建立健全以信息披露为中心的股票发行上市制度。各级人民法院要坚持稳中求进工作总基调，立足证券刑事、民事和行政审判实际，找准工作切入点，通过依法审判进一步落实中央改革部署和政策要求，推动形成市场参与各方依法履职、归位尽责及合法权益得到有效保护的良好市场生态，为投资者放心投资，科创公司大胆创新提供有力司法保障。

二、尊重资本市场发展规律，依法保障以市场机制为主导的股票发行制度改革顺利推进

3. 支持证券交易所审慎开展股票发行上市审核。根据改革安排，上交所主要通过向发行人提出审核问询、发行人回答问题方式开展审核工作。在案件审理中，发行人及其保荐人、证券服务机构在发行上市申请文件和回答问题环节所披露的信息存在虚假记载、误导性陈述或者重大遗漏的，应当判令承担虚假陈述法律责任；虚假陈述构成骗取发行审核注册的，应当判令承担欺诈发行法律责任。为保障发行制度改革顺利推进，在科创板首次公开发行股票并上市企业的证券发行纠纷、证券承销合同纠纷、证券上市保荐合同纠纷、证券上市合同纠纷和证券欺诈责任纠纷等第一审民商事案件，由上海金融法院试点集中管辖。

4. 保障证券交易所依法实施自律监管。由于科创板上市门槛具有包容性和科创公司技术迭代快、盈利周期长等特点，客观上需要加强事中事后监管。对于证券交易所经法定程序制定的科创板发行、上市、持续监管等业务规则，只要不具有违反法律法规强制性规定情形，人民法院在审理案件时可以依法参照适用。为统一裁判标准，根据《最高人民法院关于上海金融法院案件管辖的规定》（法释〔2018〕14 号）第三条的规定，以上海证券交易所为被告或者第三人与其履行职责相关的第一审金融民商事案件和行政案件，仍由上海金融法院管辖。

5. 确保以信息披露为中心的股票发行民事责任制度安排落到实处。民事责任的追究是促使信息披露义务人尽责归位的重要一环，也是法律能否“长出牙齿”的关键。在证券商事审判中，要按照本次改革要求，严格落实发行人及其相关人员的第一责任。发行人的控股股东、实际控制人指使发行人从事欺诈发行、虚假陈述的，依法判令控股股东、实际控制人直接向投资者承担民事赔偿责任。要严格落实证券服务机构保护投资者利益的核查把关责任，证券服务机构对会计、法律等各自专业相关的业务事项未履行特别注意义务，对其他业务事项未履行普通注意义务的，应当判令其承担相应法律责任。准确把握保荐人对发行人上市申请文件等信息披露资料进行全面核查验证的注意义务标准，在证券服务机构履行特别注意义务的基础上，保荐人仍应对发行人的经营情况和风险进行客观中立的实质验证，否则不能满足免责的举证标准。对于不存在违法违规行为而单纯经营失败的上市公司，严格落实证券法投资风险“买者自负”原则，引导投资者提高风险识别能力和理性投资意识。

6. 尊重科创板上市公司构建与科技创新特点相适应的公司治理结构。科创板上市公司在上市前进行差异化表决权安排的，人民法院要根据全国人大常委会对进行股票发行注册制改革的授权和公司法第一百三十一条的规定，依法认定有关股东大会决议的效力。科创板上市公司为维持创业团队及核心人员稳定而扩大股权激励对象范围的，只要不违反法律、行政法规的强制性规定，应当依法认定其效力，保护激励对象的合法权益。

7. 加强对科创板上市公司知识产权司法保护力度。依法审理涉科创板上市公司专利权、技术合同等知识产权案件，对于涉及科技创新的知识产权侵权行为，加大赔偿力度，充分体现科技成果的市场价值，对情节严重的恶意侵权行为，要依法判令其承担惩罚性赔偿责任。进一步发挥知识产权司法监督职能，积极探索在专利民事侵权诉讼中建立效力抗辩审理制度，促进知识产权行政纠纷的实质性解决，有效维护科创板上市公司知识产权合法权益。

三、维护公开公平公正市场秩序，依法提高资本市场违法违规成本

8. 严厉打击干扰注册制改革的证券犯罪和金融腐败犯罪，维护证券市场秩序。依法从严惩治申请发行、注册等环节易产生的各类欺诈和腐败犯罪。对于发行人与中介机构合谋串通骗取发行注册，以及发行审核、注册工作人员以权谋私、收受贿赂或者接受利益输送的，依法从严追究刑事责任。压实保荐人对发行人信息的核查、验证义务，保荐人明知或者应当明知发行人虚构或者隐瞒重要信息、骗取发行注册的，依法追究刑事责任。依法从严惩治违规披露、不披露重要信息、内幕交易、利用未公开信息交易、操纵证券市场等金融犯罪分子，严格控制缓刑适用，依法加大罚金刑等经济制裁力度。对恶意骗取国家科技扶持资金或者政府纾困资金的企业和个人，依法追究刑事责任。加强与证券行政监管部门刑事信息共享机制建设，在证券案件审理中发现涉嫌有关犯罪线索的，应当及时向侦查部门反映并移送相关材料。推动完善证券刑事立法，及时制定出台相关司法解释，为促进市场健康发展提供法律保障。

9. 依法受理和审理证券欺诈责任纠纷案件，强化违法违规主体的民事赔偿责任。根据注册制试点安排，股票发行上市审核由过去监管部门对发行人资格条件进行实质判断转向以信息披露为中心，主要由投资者自行判断证券价

值。在审理涉科创板上市公司虚假陈述案件时，应当审查的信息披露文件不仅包括招股说明书、年度报告、临时报告等常规信息披露文件，也包括信息披露义务人对审核问询的每一项答复和公开承诺；不仅要审查信息披露的真实性、准确性、完整性、及时性和公平性，还要结合科创板上市公司高度专业性、技术性特点，重点关注披露的内容是否简明易懂，是否便于一般投资者阅读和理解。发行人的高级管理人员和核心员工通过专项资产管理计划参与发行配售的，人民法院应当推定其对发行人虚假陈述行为实际知情，对该资产管理计划的管理人或者受益人提出的赔偿损失诉讼请求，不予支持。加强对内幕交易和操纵市场民事赔偿案件的调研和指导，积极探索违法违规主体对投资者承担民事赔偿责任的构成要件和赔偿范围。加大对涉科创板行政处罚案件和民事赔偿案件的司法执行力度，使违法违规主体及时付出违法违规代价。

10. 依法审理公司纠纷案件，增强投资者对科创板的投资信心。积极调研特别表决权在科创板上市公司中可能存在的“少数人控制”“内部人控制”等公司治理问题，对于以公司自治方式突破科创板上市规则侵犯普通股东合法权利的，人民法院应当依法否定行为效力，禁止特别表决权股东滥用权利，防止制度功能的异化。案件审理中，要准确界定特别表决权股东权利边界，坚持“控制与责任相一致”原则，在“同股不同权”的同时，做到“同股不同责”。正确审理公司关联交易损害责任纠纷案件，对于通过关联交易损害公司利益的公司控股股东、实际控制人等责任主体，即使履行了法定公司决议程序也应承担民事赔偿责任；关联交易合同存在无效或者可撤销情形，符合条件的股东通过股东代表诉讼向关联交易合同相对方主张权利的，应当依法予以支持。

11. 依法界定证券公司投资者适当性管理民事责任，落实科创板投资者适当性要求。投资者适当性管理义务的制度设计，是为了防止投资者购买与自身风险承受能力不相匹配的金融产品而遭受损失。科技创新企业盈利能力具有不确定性、退市条件更为严格等特点，决定了科创板本身有一定风险。对于证券公司是否充分履行投资者适当管理义务的司法审查标准，核心是证券公司在为投资者提供科创板股票经纪服务前，是否按照一般人能够理解的客观标准和投资者能够理解的主观标准向投资者履行了告知说明义务。对于因未履行投资者适当性审查、信息披露及风险揭示义务给投资者造成的损失，人民法院应当判令证券公司承担赔偿责任。

12. 依法审理股票配资合同纠纷，明确股票违规信用交易的民事责任。股票信用交易作为证券市场的重要交易方式和证券经营机构的重要业务，依法属于国家特许经营的金融业务。对于未取得特许经营许可的互联网配资平台、民间配资公司等法人机构与投资者签订的股票配资合同，应当认定合同无效。对于配资公司或交易软件运营商利用交易软件实施的变相经纪业务，亦应认定合同无效。

四、有效保护投资者合法权益，建立健全与注册制改革相适应的证券民事诉讼制度

13. 推动完善符合我国国情的证券民事诉讼体制机制，降低投资者诉讼成本。根据立法进程和改革精神，全力配合和完善符合我国国情的证券民事诉讼体制、机制。立足于用好、用足现行代表人诉讼制度，对于共同诉讼的投资者原告人数众多的，可以由当事人推选代表人，国务院证券监督管理机构设立的证券投资者保护机构以自己的名义提起诉讼，或者接受投资者的委托指派工作人员或委托诉讼代理人参与案件审理活动的，人民法院可以指定该机构或者其代理的当事人作为代表人。支持依法成立的证券投资者保护机构开展为投资者提供专门法律服务等证券支持诉讼工作。按照共同的法律问题或者共同的事实问题等标准划分适格原告群体，并在此基础上分类推进诉讼公告、权利登记和代表人推选。代表人应当经所代表原告的特别授权，具有变更或者放弃诉讼请求等诉讼权利，对代表人与被告签订的和解或者调解协议，人民法院应当依法进行审查，以保护被代表投资者的合法权益。推动建立投资者保护机构辅助参与生效判决执行的机制，借鉴先行赔付的做法，法院将执行款项交由投资者保护机构提存，再由投资者保护机构通过证券交易结算系统向胜诉投资者进行二次分配。积极配合相关部门和有关方面，探索行政罚款、刑事罚金优先用于民事赔偿的工作衔接和配合机制。研究探索建立证券民事、行政公益诉讼制度。

14. 加强配套程序设计，提高投资者举证能力。证券侵权案件中，投资者在取得和控制关键证据方面往往处于弱势地位。探索建立律师民事诉讼调查令制度，便利投资者代理律师行使相关调查权，提高投资者自行收集证据的能力。研究探索适当强化有关知情单位和个人对投资者获取证据的协助义务，对拒不履行协助取证义务的单位和个人要依法予以民事制裁。

15. 大力开展证券审判机制创新，依托信息化手段提高证券司法能力。推动建立开放、动态、透明的证券侵权案件专家陪审制度，从证券监管机构、证

券市场经营主体、研究机构等单位遴选专家陪审员，参与证券侵权案件审理。要充分发挥专家证人在案件审理中的作用，探索专家证人的资格认定和管理办法。研究开发建设全国法院证券审判工作信息平台，通过信息化手段实现证券案件网上无纸化立案，实现群体性诉讼立案便利化，依托信息平台完善群体诉讼统一登记机制，解决适格原告权利登记、代表人推选等问题。着力解决案件审理与证券交易数据的对接问题，为损失赔偿数额计算提供支持，提高办案效率。

16. 全面推动证券期货纠纷多元化解工作，推广证券示范判决机制。坚持把非诉讼纠纷解决机制挺在前面，落实《关于全面推进证券期货纠纷多元化解机制建设的意见》，依靠市场各方力量，充分调动市场专业资源化解矛盾纠纷，推动建立发行人与投资者之间的纠纷化解和赔偿救济机制。对虚假陈述、内幕交易、操纵市场等违法行为引发的民事赔偿群体性纠纷，需要人民法院通过司法判决宣示法律规则、统一法律适用的，受诉人民法院可选取在事实认定、法律适用上具有代表性的案件作为示范案件，先行审理并及时作出判决，引导其他当事人通过证券期货纠纷多元化解机制解决纠纷，加大对涉科创板矛盾纠纷特别是群体性案件的化解力度。

17. 加强专业金融审判机构建设，提升证券审判队伍专业化水平。根据金融机构分布和金融案件数量情况，在金融案件相对集中的地区探索设立金融法庭，对证券侵权案件实行集中管辖。其他金融案件较多的人民法院，可以设立专业化的金融审判合议庭。积极适应金融供给侧结构性改革和金融风险防控对人民法院工作的新要求，在认真总结审判经验的基础上，加强对涉科创板案件的分析研判和专业知识储备，有针对性地开展证券审判专题培训，进一步充实各级人民法院的审判力量，努力建设一支政治素质高、业务能力强的过硬证券审判队伍。

［地方司法业务文件与解读］

山东省高级人民法院

关于简化民商事纠纷管辖权异议审查程序的意见（试行）的通知

2019 年 5 月 30 日　　　　　　　　　　鲁高法〔2019〕25 号

各市中级人民法院、济南铁路运输中级法院、青岛海事法院：

《山东省高级人民法院关于简化民商事纠纷管辖权异议审查程序的意见（试行）》已于 2019 年 5 月 28 日经省法院审判委员会全体会议 2019 年第 13 次（总第 13 次）讨论通过，现予以印发，请结合实际认真贯彻执行。执行中遇到的问题，请及时报告省法院民二庭。

山东省高级人民法院

关于简化民商事纠纷管辖权异议审查程序的意见（试行）

为进一步规范和简化民商事纠纷案件管辖权异议的审查程序，提高民商事纠纷管辖权异议审查的质量和效率，依据《中华人民共和国民事诉讼法》《最高人民法院关于适用〈中华人民共和国民事诉讼法〉的解释》《最高人民法院关于印发〈关于进一步加强民事送达工作的若干意见〉的通知》等规定，制定以下意见。

一、管辖权异议受理

第一条 被告在一审提交答辩状期间提出管辖权异议，应当提交书面申请，申请书应包括以下内容：

（一）被告及其代理人的相关身份信息；

（二）要求移送审理的人民法院名称；

（三）异议所根据的事实、理由及相关证据；

（四）送达地址和送达方式确认信息。

申请书不符合上述要求的，人民法院应当书面通知被告补充相关材料，并告知在收到书面通知后三日内予以补充。被告逾期未补充相关材料或者经补充仍不符合要求，或者不提供正确通讯地址导致无法通知的，人民法院对管辖权异议不再予以审查。

第二条 被告对下列案件提出管辖权异议的，人民法院依法不予审查：

（一）发回重审或者按照审判监督程序再审的案件；

（二）上级法院指定管辖的案件；

（三）其他法院裁定移送管辖的案件；

（四）执行法院受理的执行异议之诉案件；

（五）作出生效民事判决、裁定、调解书的法院受理的第三人撤销之诉案件。

第三条 被告下列申请属于滥用管辖权异议权利，人民法院依法可以不予审查：

（一）被告提出管辖权异议被人民法院裁定驳回后，又就同类其他案件反复向同一法院提出管辖权异议的；

（二）被告在异议申请中虚构被告住所地、合同履行地、合同签订地、原告住所地、标的物所在地等与争议有实际联系的地点和事由的；

（三）原告与被告在书面协议中明确约定管辖法院，且不违反级别管辖和专属管辖规定，被告又针对约定的管辖法院提出管辖权异议的；

（四）其他明显缺乏事实和法律依据、以拖延诉讼为目的提出的管辖权异议申请。

人民法院决定不予审查的，应当在三日内将不予审查理由书面告知提起管辖权异议的被告。

二、一审审查处理

第四条 对符合受理条件的管辖权异议，由承办案件的独任审判员或者合议庭进行审查。案件在移送业务庭之前收到被告管辖权异议申请书的，由立案庭直接进行审查。

第五条 审查管辖权异议原则上采用书面审查形式。确有必要的，可以采取询问、听证等方式进行。

第六条 管辖权异议的一审审查，应当在收到被告管辖权异议申请书之日起十五日内作出裁定；案情较为复杂，需要进行听证审查的，最长不超过三十日。

第七条 一审审查驳回管辖权异议的，裁定书可以只列明原告和提起管辖权异议的被告。

一审裁定移送管辖的，裁定书应当列明所有参加诉讼的当事人。

第八条 当事人提起上诉的，一审法院应在上诉状送达后七日内通过网上办案系统将案件移交上一级法院审查，报送一审电子卷宗及下列材料电子版：

（一）一审裁定书；

（二）上诉状；

（三）上诉人及其代理人的相关身份信息；

（四）送达地址确认信息；

（五）其他有必要报送的书面材料。

三、二审审查处理

第九条 管辖权异议的上诉一般由立案庭负责审查。

第十条 审查管辖权异议上诉，应当组成合议庭，采用书面方式进行。确有必要的，可以采取询问、听证等方式进行。

第十一条 审查管辖权异议上诉，应当尽量减少审查时间，最长在第二审立案后三十日内作出终审裁定。

第十二条 驳回管辖权异议上诉的，二审法院应当在裁定作出后七日内将裁定书发送一审法院。裁定移送管辖的，应当在裁定生效后七日内将裁定书发送一审法院，并通知一审法院向有管辖权的法院完成案件移送工作。

四、送达要求

第十三条 被告提出管辖权异议的，管辖权异议申请书可以只向原告进行送达，送达过程中审查工作可以同步进行。

第十四条 一审裁定驳回被告提出的管辖权异议的，裁定可以只送达原告和提出管辖权异议的被告；一审裁定移送管辖的，裁定应当向全部当事人进行送达。

第十五条 被告不服一审裁定提出上诉的，上诉状可以只向原告送达；原告对一审裁定不服提出上诉的，上诉状可以只向提起管辖权异议的被告送达。

第十六条 送达方式、标准按照《最高人民法院关于进一步加强民事送达工作的若干意见》执行。

五、其他规定

第十七条 法律与司法解释关于管辖权异议的审查另有规定的，依照其规定。

第十八条 本意见自公布之日起施行。

北京市高级人民法院
关于商事案件信息公开的规定

（2019 年 5 月 13 日发布）

为贯彻落实审判公开原则，保障当事人对审判活动的知情权，规范北京法院商事案件审判信息公开工作，营造更加稳定公平透明、可预期的营商环境，根据《最高人民法院关于进一步深化司法公开的意见》《最高人民法院关于人民法院通过互联网公开审判流程信息的规定》《最高人民法院关于人民法院在互联网公布裁判文书的规定》《最高人民法院关于公开民商事案件相关信息的通知》，结合北京法院审判工作实际，制定本规定。

第一条 公开商事案件信息应当坚持主动公开、依法公开、及时公开、全面公开、实质公开的原则。

第二条 北京法院商事案件信息公开的内容包括审判运行态势信息、审判工作信息、案件审判流程信息、裁判文书、庭审直播视频、执行工作信息等。

第三条 北京法院商事案件审判流程信息通过中国审判流程信息公开网（https：//splcgk. court. gov. cn），“中国审判流程信息公开”微信公众号、小程序向案件当事人、法定代理人、诉讼代理人公开。

商事案件裁判文书信息通过中国裁判文书网（http：//wenshu. court. gov. cn）和北京法院审判信息网（http：//www. bjcourt. gov. cn）向社会公众公开。

商事案件庭审公告、庭审直播视频通过中国庭审公开网（http：//tingshen. court. gov. cn）和北京法院审判信息网向社会公众公开。

商事案件其他信息通过北京法院审判信息网向社会公众公开。

第四条 北京法院通过互联网向社会公众公开以下商事审判运行态势信息：

（一）全市法院收结案情况、结案率；

（二）商事案件平均审理天数、平均执行天数；

（三）主要商事案件类型收结案情况、结案率。

第五条 北京法院通过互联网向社会公众公开以下商事审判工作信息：

（一）商事审判业务规范性文件；

（二）商事指导案例；

（三）商事法官名册、人民陪审员名册；

（四）评估鉴定机构名册、破产管理人名册；

（五）确定评估鉴定机构、破产管理人公告；

（六）开庭公告。

第六条 北京法院通过互联网向当事人及其法定代理人、诉讼代理人公开以下商事案件审判流程信息：

（一）当事人提交诉状和材料的情况；

（二）人民法院收到诉状的日期；

（三）人民法院指定的补正期限，当事人的补正情况；

（四）案号、案由、收案日期、立案日期等收立案信息；

（五）承办法官、法官助理和书记员的姓名、办公联系电话，合议庭组成人员的姓名、审判职务，上述人员的变更情况；

（六）当事人增加、放弃、变更诉讼请求、提出反诉的情况；

（七）适用审判程序及其变更情况，是否公开审理，是否开庭审理；

（八）审理期限，实际审理天数，扣除、延长、重新计算审理期限的情况及事由；

（九）中止诉讼的日期和事由，恢复诉讼的日期；

（十）人民法院送达诉讼文书类型、受送达人、送达方式、开始时间、完成时间；

（十一）结案日期，结案方式；

（十二）案件上诉、抗诉情况；

（十三）案件移送情况；

（十四）裁判文书生效情况；

（十五）负担、交纳、退还诉讼费用的情况，缓交、减交、免交诉讼费用的情况；

（十六）待结案件预期审理期限，即未按审限要求审结案件的计划审理期限。

第七条 商事案件裁判文书除涉及国家秘密、以调解方式结案等不宜在互联网公布的情形外，均应于案件生效七日后在互联网公开。商事案件裁判文书涉及商业秘密、个人隐私的，应将相关内容隐匿后公开。

第八条 商事案件庭审直播视频除涉及国家秘密、商业秘密、个人隐私等不宜公开的情形外，均应在互联网公开。

第九条 北京法院通过互联网向社会公众公开以下商事案件执行工作信息：

（一）网络拍卖平台、拍卖机构名册；

（二）确定拍卖变卖机构公告；

（三）限制失信被执行人北京市小客车指标配置、出境、高消费及非生活和工作必需的消费、招投标等征信信息。

第十条 商事案件当事人、法定代理人、诉讼代理人的身份证号码、律师执业证号、组织机构代码、统一社会信用代码，是其获取审判流程信息的身份验证依据。

当事人及其法定代理人、诉讼代理人应当配合受理案件的人民法院采集、核对身份信息，并预留有效手机号码。

第十一条 本规定第五条、第九条规定的公告信息，第六条、第七条、第八条规定的信息在信息形成之日起及时公开、实时更新。第四条规定的信息，第五条、第九条规定的其他信息至少每季度更新一次。第六条第十六项信息，原则上应当在审限届满之日起公开，因法院无法掌控的客观原因难以确定具体审理期限的，应当在客观原因消除之日起及时公开、实时更新。

第十二条 本规定自发布之日起施行。

北京市高级人民法院

关于充分发挥审判职能　为优化首都营商环境提供司法保障的实施意见

（2019 年 5 月 13 日发布）

为充分发挥审判职能作用，改善投资和市场环境，为优化首都营商环境提供优质司法服务和有力司法保障，根据中共北京市委、北京市人民政府《北京市进一步优化营商环境行动计划（2018 年—2020 年）》以及最高人民法院相关规定和精神，提出以下意见。

一、提高对优化营商环境工作重要性的认识，加强组织领导

1. 充分认识优化营商环境工作的重大意义。优化营商环境是贯彻落实习

近平总书记关于加大营商环境改革力度重要指示精神的具体部署，是解放生产力、提高竞争力的必然要求，是增强企业和群众获得感、推动首都经济高质量发展的重大举措。

2. 增强服务保障优化营商环境工作的责任感和使命感。良好的法治环境是营商环境的重要组成部分，法院在推进优化首都营商环境中要发挥积极作用。全市法院要树立大局意识，切实把思想和行动统一到中央、市委的决策部署和工作要求上来，进一步发挥审判职能作用，服务和保障营造稳定公平透明、可预期的首都营商环境。

3. 准确理解和把握优化营商环境工作的总体要求。以最高标准、最严要求、最好效果抓好优化营商环境工作部署落实，提高司法服务保障能力。全市法院要将推进优化营商环境作为提升法院整体工作的重要突破口，坚持首善标准，以最严要求提高审判质量效率，实现最好审判效果。

4. 找准优化首都营商环境的着力点。全市法院要认真贯彻落实北京市优化营商环境工作的统一部署，按照精简环节、费用和时间，增加透明度原则，以提高案件审判质效、优化诉讼服务和加强司法公开为重要抓手，以信息化建设为推动，开展审判执行工作，让人民群众切实感受到司法为民的温度。

5. 坚持平等保护原则。全市法院要以保护产权、维护契约、统一市场、平等交换、公平竞争为基本导向，维护规则公平、权利公平、机会公平，依法平等保护不同所有制主体的合法权益，为把首都打造为国际一流的营商环境高地营造良好法治环境。

6. 严格依法审理各类案件，稳定社会预期。良好的社会预期，是经济平稳健康运行的基石。全市法院要依法履行审判职责，尊重司法规律，公正高效审理各类案件，增强人民群众财产财富安全感，激发各类市场主体的创新创业热情。

7. 加强对优化营商环境工作的组织领导。全市法院要将优化营商环境工作作为一把手工程推进，组建优化营商环境工作领导小组，成立工作专班。完善健全优化营商环境工作机制，建立联络人制度，加大工作集成力度。加强与各级政府部门的信息沟通、会商研究、协调联动机制，助力法治政府和服务型政府建设，积极为各级政府优化营商环境提供有力司法保障。要将优化营商环境工作纳入考核考评体系，落实主体责任，以考核促进落实。

二、提高审判质量与效率，保障公正司法

8. 健全随机分案为主、指定分案为辅的案件分配机制。通过优化智能随机分案规则，在立案受理后，由电脑按照分案规则对案件进行随机和自动分配，承办法官一经确定，不得擅自变更。因存在回避情形或者工作调动、身体健康、廉政风险等事由确需调整承办法官的，应当由院庭长按权限审批决定，调整理由及结果应当及时通知当事人并在办公办案平台公示。

9. 深入推进案件繁简分流和多元化解。完善民商事案件快速化解机制，依法快立、快审、快执，将案件平均审理周期控制在180天内。加大速裁工作规范化建设，并以速裁工作为指导和保障，推动多元调解更加专业化，形成法官指导调解员长效工作机制，实现大批纠纷在诉讼前端快速、依法解决。要把小额诉讼程序案件全部纳入速裁范围；深入推进速裁庭审方式改革，推广要素式审判模式；探索要素式、令状式、表格式裁判文书，在简化程序的基础上，提高速裁审判质效。

10. 加强审判管理，促进案件良性循环。全市法院要以精细化审判管理提升司法服务保障能力，加快案件周转，优质高效完成审判任务。严格规范民商事案件延长审限和延期开庭，进一步规范审判流程，提高审判效率，维护当事人合法权益。严格控制延长审限案件数量，从严把握延长审限审批。需要延期开庭的，应当依法告知当事人下次开庭的时间，并且两次开庭间隔时间不应超过一个月，但因不可抗力或当事人同意的除外。

11. 推进办案规范化建设和信息化应用。进一步推进审判工作规范化建设，确保法官清晰掌握各种常见案件的裁判尺度，让各类案件都有规范化的处理标准和处理流程，保证法律统一适用。加强办案规范信息化建设，在规范办案流程、明确审理思路、统一裁判尺度等方面为审判人员办案提供智能化辅助，为引导当事人诉讼预期提供智能化服务。

12. 加强司法审判大数据分析和应用。探索建立与互联网时代相适应的审判模式，实现立案、材料提交、庭审、送达等诉讼活动全流程均可在网上办理。完善大数据分析平台，加强对海量案件资源的深度挖掘分析，提高对案件事实、争议焦点、法律适用的智能推理水平，为法官案件审理提供参考依据。

13. 全力攻坚执行难。进一步加强执行管理，规范执行行为，积极创新方

式方法。进一步深化执行改革，建立健全符合执行工作规律特点的体制机制，促进执行工作健康长远发展。在加强网络执行查控基础上，进一步扩大点对点查控范围，力争实现被执行人财产查控全覆盖。

14. 公正高效审理涉公司类商事案件和各类商事合同案件。要充分尊重公司自治，维持公司、股东和债权人合法权益的平衡，引导公司完善内部治理结构，促进市场主体健康发展。在商事合同类案件审理过程中，以尊重契约自由为原则，以商事审判推进强化商事主体的规则意识、诚信意识，促进社会形成诚实守信、办事依法、遇事找法的良好氛围。

15. 依法妥善处理好各类知识产权案件，研究完善知识产权诉讼制度，发挥司法指引和示范作用，建立科学合理的知识产权价值评估机制，为权利人提供充分的司法救济，充分发挥知识产权审判对北京加强科技创新中心建设的司法保障作用。

16. 加强涉外商事案件审判工作，加强与仲裁、涉外商事调解组织的衔接，吸引越来越多的国际商事主体选择在北京解决纠纷，通过司法裁判创设国际贸易规则，推动建立国际商事纠纷解决中心，促进完善“一带一路”争端解决机制，服务保障北京国际交往中心建设。

三、优化诉讼服务，提升司法为民水平

17. 进一步加强网上立案工作。在网上预约立案基础上，继续探索面向律师的商事案件网上直接立案，实现代理律师足不出户即可办理立案手续，切实缩短立案时间，提高诉讼效率。

18. 推进电子卷宗随案同步生成，推动全业务网上办理。优化电子文件上传和内外网数据交互功能，提高电子文件上传速度，减轻法院扫描工作负担。强化电子卷宗的应用，深化审判执行工作网上办理，实行网上阅卷、网上审理、网上送达、网上智能生成法律文书，全面推动流程重塑、规则重塑，构建更加符合网络规律的司法流程和审判机制。巩固语音转文字技术运用成果，继续推进语音转文字技术的深度应用。

19. 顺应司法体制改革需求，建立审判辅助事务的集约化、智能化、多元化管理机制，切实为一线审判团队减轻工作负担。在集约送达平台公告送达模块全面使用的基础上，做好法院专递送达、电子送达等模块的推广工作，尽快

实现外出直接送达模块的上线运行。探索集约化司法鉴定工作管理模式，搭建司法鉴定工作综合服务管理平台，有效提升司法鉴定评估效率。

20. 以群众需求为导向，全面推进诉讼服务中心建设，实现诉讼服务中心的规范化，为群众参与诉讼提供更加优质、便捷的服务。坚持科技引领，加快信息化与诉讼服务的深度融合，为当事人提供全方位电子化诉讼服务，推动网络服务平台与法院已建成的办案、公开等平台无缝对接，加快实现“让信息多跑腿，让群众少跑路”的目标。

21. 以“北京法院诉讼服务微信公众号”为载体，以群众喜闻乐见的形式，重点推广和应用微信服务平台，进一步完善网上引导、网上立案、网上自助服务、诉讼信息自动推送等工作，建立专门的律师网上办事平台，充分发挥微信双向即时通讯的核心功能，将立案、告知、送达等互动型办案事项，全部延伸到手机移动终端。

22. 打造全程式的 12368 热线服务模式。要充分利用购买服务的资源优势，全力为当事人和社会公众做好诉讼咨询、案件查询、投诉举报、联系法官和意见建议收集等各类热线服务。在此基础上，通过完善更新知识库内容，建设执行、知产、信用卡纠纷专职分平台等举措，进一步拓展服务职能和业务范围。

四、深化司法公开，增加司法透明度

23. 拓宽司法公开广度，以公开促公正。完善裁判文书、审判流程、执行信息、庭审直播四大平台建设，保障当事人诉讼权利。加强对不公开上网裁判文书的监督与管理，适时与中国裁判文书网对接不公开裁判文书列表。推进庭审直播工作，提高在中国庭审公开网直播案件的数量。加强审判流程信息公开工作，及时、全面录入案件信息，保障当事人及时、准确获取审判流程信息。

24. 逐步实现商事纠纷案件审判流程信息主动推送。在当事人同意电子送达的案件中，自法院受理案件起，即向案件当事人及其代理律师公开案件审理的全流程信息，并利用微信公众号、短信等形式，主动推送给当事人及其代理人，方便其及时了解法院办理案件的详细进展和办理情况。

25. 加大政策解读和宣传推介力度。充分利用各院的门户网站、微博、微信、新闻客户端等新媒介，强化法治宣传教育，充分发挥司法裁判的规范引领作用，维护公平竞争的市场秩序。以多种形式向人民群众传递司法为民理念，让人民群众切实感受到北京法院工作成效。

五、加强破产审判工作，服务供给侧结构性改革

26. 加强破产审判专业化建设，促进破产审判能力全面提升。暂不具备成立破产审判庭的基层人民法院，应设立专门的破产合议庭或者审判团队，实现破产案件审理的集中化、专业化，统一裁判尺度，确保审判质量。保持破产审判队伍的稳定性，加大培训力度，定期开展研讨交流活动，推进破产审判法官队伍的常规化建设。对破产审判建立单独的、符合破产审判规律的绩效考评标准，区分案件情况和案件的不同阶段进行考核。

27. 高度重视破产重整工作，发挥破产法的拯救功能，实现债务人、债权人、股东、社会多方利益共赢。通过听证、咨询政府相关部门、第三方专业机构等方式，结合债务人企业陷入困境的原因、企业财务指标等因素，综合识别判断债务企业是否具备挽救价值和再生可能，是否符合产业发展方向。对于具有救治价值的困境企业予以司法救治，积极引导适用破产重整程序；对于低端低效不具救治价值或救治无望的企业，及时通过破产清算实现市场出清，防止债务风险累积引发更多风险和危机。积极支持债权人、债务人、出资人、战略投资人等利害关系人为挽救企业所作的预重整等相关工作，探索庭外重组与庭内重整制度的衔接。

28. 积极探索破产案件繁简分流，提高审判效率。根据案件繁简程度不同，构建分类处置机制，实行简案快审、繁案精审。在确保利害关系人程序和实体权利不受损害的前提下，对于债权债务关系明确、债务人财产状况清楚、破产财产可能不足以支付破产费用、债务人与全体债权人就债权债务处理自行达成协议的破产案件，可以简化审理。债权人会议确认或认可的缩短期限、简化或合并手续及处分权利的事项，不违反法律禁止性规定的，法院应予认可。执行部门查无财产的执行移送破产审查案件应当优先适用简化审理程序。对因债务人的人员、财产、账册及重要文件等均下落不明，致使无法进行清算的“三无企业”破产案件，及时终结破产清算程序，释明债权人另案向股东行使权利。

29. 完善管理人选任和考核制度，实现管理人因才授任、优胜劣汰，通过管理人履职能力的提升提高破产案件审判质效。推进本市的管理人名册的重新核定，并制定配套的名册管理办法，通过建立管理人重大事项汇报制度、建立履职资料库，实现对管理人的动态考评，形成激励和淘汰机制，促进管理人履职能力的提高。在管理人选任方式上，应根据案件的审理难易程度，选择摇号或者竞争指定管理人。对于破产重整案件，可适当吸收具有专业技术知识、企业经营能力的人员充实到管理人队伍中来。推动成立本市管理人协会，以加强行业自律、合作互助，促进管理人队伍的专业化、市场化发展和整体水平的提高。

30. 强化债权人利益保护，支持管理人依法履职。推动运用执行程序中与金融、房管等机构建立的“点对点”渠道，查控追收“三无”企业财产。对回避、拒绝、拖延履行法律义务的企业股东、高管、实际控制人等，加大依法制裁惩戒力度。推动网拍在破产程序中的应用，探索更加符合破产审判规律的、市场化的网络拍卖方式，建立破产财产变价处置新规则。

31. 完善破产工作协调机制和适用破产法的外部环境。建立常态化府院协调机制，加快形成破产纠纷解决合力。通过府院联动，加强企业破产风险隐患预警、信息共享与反馈、跨部门联合调研等，促进解决破产企业瑕疵财产处置、重整企业续贷与信用修复、管理人依法履职保障等瓶颈问题，推动实现个案协调向制度化对接转变。

32. 大力推进信息化应用，提升破产审判信息化水平。畅通网上预约立案渠道，利用全国法院破产重整信息平台的网上立案端口降低立案成本。通过“一网两平台”同步生成电子信息数据，加大司法公开力度。采用召开网上债权人会议、优先采取网络司法拍卖等方式深度运用信息化手段提高审判效率。

济南市中级人民法院

民营企业常见法律风险防范指引

（2019年6月15日发布）

目　录

3. 在强制执行中的法律风险防范

4. 关于送达地址的特别提示

第一部分　民营企业设立、治理、解散过程中的法律风险防范指引

一、设立中的法律风险防范

企业设立是指发起人为了企业成立而实施的一系列行为。企业成立的标志是工商部门颁发营业执照。营业执照颁发，企业成立。现实中，大部分企业发起人仅仅重视企业设立的结果，不重视企业设立过程中存在的法律风险，从而导致企业不能如期成立或企业成立后出现大量纠纷。就企业设立过程中存在的法律风险作如下建议：

1. 关于民营企业组织形态的选择。现实中的民营企业经营组织形态可分为个人独资企业、合伙企业、公司制企业。公司制企业又可分为有限责任公司和股份有限公司，与此相对应的还有子公司、分公司。企业组织形态不同，反映了不同的企业性质、地位和作用。因此，不同企业组织形态的法律风险及后果不同。

避免对特定产业、行业领域设立企业组织形态的相关规定不了解，盲目选择企业组织形态。投资者违反法律法规的强制性规定，选择不适当的企业组织形态，可能导致企业设立申请无法获批，造成企业设立成本的增加。为此，投资者应对涉及企业组织形态的相关知识点进行深入了解，在选择企业组织形式时，严格遵守法律法规政策，确保企业形式与法律法规政策相符合。

避免资金不足却坚持选择不适当的企业组织形态。发起人在资金不足的情况下如果采取违法手段追求较高的组织形态，则面临需要发起人补足出资，缴纳罚款，以及承担虚假出资、虚报注册资本、抽逃出资的行政和刑事责任风险；同时公司可能面临罚款、撤销登记或吊销营业执照的风险。建议投资者依照法律法规的规定履行出资义务，切忌拖延出资、虚假出资、虚报注册资本、抽逃出资等。可根据资金情况，用变通的形式暂时开展业务，等资金条件成熟时再进行注册变更。

避免缺乏综合考量而选择不适当的企业组织形态。如果对出资人责任大

小、税负、企业组织正式化程度、存续期限、运营成本、股东对企业财产的控制权、股份权益转移自由度等因素缺乏综合考量，容易导致选择不适合企业组织经营发展和发起人利益的企业形态。建议投资者充分考量发起人的条件及资格，选择合适的企业组织形态；综合考量出资人的出资目的、经营预期和管理能力等因素，以选择适当的企业组织形态。

2. 关于出资。私人出资是民营企业的资本来源。出资是投资者向企业投入的资本，是企业赖以生存的物质基础，是企业对外承担债务的前提，同时也是权益划分的依据来源。投资者应充分注意出资的法律风险，并加以防范。

避免出资形式选择不当。出资形式选择不当，将导致企业的设立申请不被受理和批准、出资协议无效、向其他债权人承担无限清偿责任或有限补充清偿责任的法律后果。建议投资者在出资前对关于公司设立的法律规定进行全面的了解，或者借助专业机构的帮助，对出资资产进行严格的审核。现金出资要注意资金来源是否合法。外币出资的还要注意汇率折算。以房屋、土地使用权等非货币的出资，要注意及时办理产权转移手续。

避免出资实际价额显著低于其出资时的评估价额等资产评估不实的情形。出资实际价额显著低于其出资时的评估价额，可能导致评估结果不被有关机关认可，延误企业设立或者最终使企业设立不能等法律风险。建议聘请有资质的机构进行评估；签署有效的作价认可协议。对于投资者而言，在资本认缴制度下，没有必要夸大注册资本，合理控制注册资本数额，减少股东应出资对企业产生的负债。在确定注册资本数额时，要考虑企业发展的实际需要、企业未来为取得某项资质可能需要的注册资本，以及企业与投资者的税务筹划，既不可盲目求大，也不可过于贪小。

避免虚假出资。虚假出资的法律后果是，虚假出资人要为自己的虚假行为向其他出资人承担违约赔偿责任、向公司承担补缴出资责任及赔偿责任、向公司债权人承担无限清偿责任或有限补充清偿责任等。建议严格遵守验资制度，在公司成立后，要设立专门的账户保障公司资金的安全，并且严格监督资金的流向，防止股东抽逃资金；通过审计确定是否抽逃出资。审计由专业机构和专业人员审查，并由其签名和盖章；建立严格的公司内部管理制度。

避免以股权、债权出资的法律风险。出资人单纯以其对第三人的债权出资、以对公司的债权出资、用限制的股权出资，容易导致出资无效、债权到期后无法实现、债权价值不合理估算等风险。出资人以股权出资的，建议确保：

①出资的股权由出资人合法持有并依法可以转让；②出资的股权无权利瑕疵或者权利负担；③出资人已履行关于股权转让的法定手续；④出资的股权已依法进行了价值评估。出资人以债权出资的，在法律没有明确规定前，应尽量避免用于新设立的公司。出资人债转股增资的，确保债权应当符合下列情形之一：①债权人已经履行债权对应的合同义务，且不违反法律、行政法规、国务院决定或者公司章程的禁止性规定；②经人民法院生效裁判文书或者仲裁机构裁决确认；③公司破产重整或者和解期间，列入经人民法院批准的重整计划或者裁定认可的和解协议。此外，如有可能，要求第三人提供担保。

3. 关于法定代表人。通常而言，法定代表人根据法律、法规和公司章程的规定，以企业名义所从事的行为，即视为企业行为，由企业承担相应法律后果。在某些特殊情况下，由于法定代表人的特殊身份和职责，在一定条件下，可能会就企业的行为承担相应的民事、行政或刑事责任，而这种情况往往是法定代表人违反法律、法规和公司章程规定而产生。但无论是法定代表人本人还是企业均应对法定代表人的法律风险防范有所了解。

避免法定代表人与法人或法人代表发生概念性混淆。法定代表人是指依法律或法人章程规定代表法人行使职权的负责人。我国法律规定了单一的法定代表人制，一般认为法人的正职行政负责人为其唯一法定代表人。企业法人是指具有民事权利能力和民事行为能力，依法独立享有民事权利和承担民事义务的企业本身。法人代表是指根据法人的内部规定，担任某一职务或由法定代表人指派代表法人对外依法行使民事权利义务的人。作为民事权利主体的法人，其法人代表可以有多个，但均需法定代表人的授权而产生。

避免轻易挂名法定代表人。实践中，民营企业出于种种原因，有的股东或投资人并不愿出任法定代表人，而是以他人的名义担任企业法定代表人。对于企业，一旦挂名法定代表人与实际股东或投资人发生矛盾或争议，整个企业将处于难以控制的风险之中。由于只需签名即发生法律效力，该挂名法定代表人直接以企业名义对外举债或进行担保的后果，将全部由企业承担。对于挂名者，如果实际控制人操纵企业时存在虚假或抽逃出资等行为，或者在诉讼过程中有隐匿、转移资产等违法行为，公司的法定代表人都要面临承担相应的民事赔偿责任的法律后果。因此，股东或投资人借助他人担任法定代表人必须慎重，个人也不要轻易担任他人企业的挂名法定代表人。

避免法定代表人的越权代表行为。除了法律有强制性规定或者第三人知道外，法定代表人以企业名义作出的代表人行为对企业具有法定约束力，企业必须承担该越权行为带来的不利风险及法律后果。建议强化企业财务负责人对法定代表人的制衡机制，保证财务负责人能事先制止法定代表人超越内部权力机制以企业名义作出的代表行为；实行企业印章分类管理机制，企业印章保管和使用分离，通过印章保管人对印章使用人的监督确保以企业名义作出的行为符合公司利益。

4. 关于企业注册。在企业注册过程中，应注意以下几个容易被忽略、不被重视，但在现实中往往会引起纠纷或给投资者带来意料之外的法律风险：

避免注册地与经营地不一致。实践中，民营企业出于经营成本或税收政策的考虑，企业注册地和实际经营地往往不一致，这也容易滋生法律风险，如容易出现债权债务履行地点不明确，遇诉讼事项时，可能涉及管辖法院、法律文书送达等问题。建议变更工商登记，将企业注册地址变更为经营所在地；设立分公司，即在经营所在地以外设立分公司；如涉及税收优惠，流转税可以在经营地缴纳，也可以由总公司汇算清缴，所得税由总公司汇算清缴；注册地址应有文书信函联络人，签收文书信函能够及时转发至企业经营所在地。

避免超经营范围经营。企业超经营范围经营，轻则面临罚款的行政处罚，重则将被吊销营业执照，失去经营资格，涉及合同的，也可能导致合同无效，无法得到法律保护。每个企业都需要根据其业务来确认其经营范围。确定企业的经营范围时有几点需要注意：①在确定经营范围时，不仅要考虑目前的业务与经营活动，也要考虑近期有计划开展或从事的业务与经营活动；②不仅要考虑实际从事的业务与经营活动，还要考虑与该等实际业务与经营活动相关的或周边的业务与经营活动；③关于业务经营范围的具体描述，工商登记部门有专门的规范用语，不能随意编写。

避免出现因企业设立不能时而产生的各类债务及责任。由于企业资本没有筹足、未能达到我国法律规定的成立要件、发起人未按期召开设立大会、创立大会作出不设立公司的决议等各种原因，导致企业的设立申请没有被审核批准。这种情况下，民营企业发起人要对企业设立行为所产生的债务和费用、应返还认股人的股款及同期利息、过失致企业利益损害等承担连带责任。建议发起人在签订设立协议的过程中，要尽量完善相关条款，提前做好各项防范。

二、治理中的法律风险防范

民营企业的治理是一种指导和控制企业的体系，企业治理结构明确了企业的不同参与者之间的权利义务分配。投资者投资成立民营企业，目的是为了投资收益，就企业治理而言，应注意防范以下法律风险：

1. 关于企业设立协议和章程的制定。民营企业治理结构设计直接关系到企业成立后运营过程中各股东方权利与利益的平衡以及企业利益的维护，因此，需要各投资者在企业设立之前，对企业治理结构予以足够关注，并在企业章程中予以确定，以防范其法律风险，其中最为重要的就是企业设立协议及企业章程。

避免企业设立协议缺失。由于出资人之间缺少设立协议的约束，当出资活动出现与出资人预期相悖的情况时，纠纷和诉讼的可能性增加，而且各种不确定的法律风险将一直持续于股东之间。建议出资人坚持签署书面的投资协议，并约定完备的投资协议内容；对小股东而言，还应考虑监督和制衡的特别约定，如约定某股东对公司高管人的提议权，由小股东举荐的人担任财务总监或董事会秘书，不但可以清楚企业各项运转情况，而且可以进行最直接有效的制衡。

避免轻视企业章程。很多投资者认为企业章程就是工商局注册公司要求提供的文件，很多企业章程简单照搬《公司法》的规定或者照搬其他企业的章程，导致章程可操作性弱，发生相关内部纠纷时，章程不能发挥作用。建议严格按照企业的需要设置企业章程，尽量做到：①无违反法律强制性规范的内容；②企业管理事项有明晰、可操作的规范；③对股东、董事、监事、经理等的权利义务有明确规定；④对企业出现异常状况的事件有明确的可操作性规定；⑤具有符合企业特殊情况的不同规定。另外，小股东应该利用企业章程确保自己的权益不被侵犯。

避免设立协议与章程规定不一致。设立协议与章程规定不一致时，可能导致相关内容没有约束力。设立协议和章程各有不同的约束力，建议如只涉及当事人间的问题，通过协议约束解决；如只涉及企业事项，可通过章程来约束；既涉及当事人间的问题，也与企业运行有关，最好是协议及章程都作规定。另外需要注意的是协议和章程对同一问题规定的侧重点可以有所区别，协议可对违约救济作出明确的规定，而章程可侧重于操作程序。

避免随意修改企业章程。建议严格依照法定要求修改企业章程：①提出章程修改草案；②股东会对拟修改条款进行表决；③拟修改内容涉及需要审批事项时，报政府主管机关批准；④拟修改内容涉及需要登记事项的，报企业登记机关核准；未涉及登记事项的，送企业登记机关备案；⑤拟修改内容需要公告的，依法公告。对控股股东或大股东而言，修改企业章程具有绝对的优势，没有必要因为程序不合法导致新修改的章程无效或被撤销。

2. 关于股东（大）会、董事会及监事会的设置。企业治理结构是指所有者、经营者和监督者之间通过股东大会（权力机关）、董事会（决策和执行机关）、监事会（监督机关）形成的权责明确、相互制约、协调运转和科学决策的联系。目前，治理结构没有一个优良的标准，在公司法的背景下，应注意防范下列法律风险：

避免股东会、董事会僵局。例如股权设置畸形、企业章程中设置了过高的表决比例要求，导致股东会无法形成决议，从而形成股东会僵局，最终导致企业无法正常运转。建议充分利用企业章程，设立避免股东会或董事会僵局的机制以及出现僵局后的解决机制。

避免会议召开瑕疵。因会议通知方式、程序、内容不当或出席人数比例不当等原因，导致会议召开不能或无效，致使股东的权益可能受到损害。建议充分发挥章程的“自治”作用。在章程里规定会议通知的主体、方式、内容等；为了确保会议的决策符合大多数股东的利益，同时防止因人数不足导致会议无法召开，以及若干会议同时召开等情况的发生，应在章程中规定会议最低出席人数，以及人数不足时的补救方法。

避免会议决议瑕疵。无法形成决议、形成决议的程序不合法、决议形式不合法等可能导致决议无效、不成立或被撤销。建议股东会企业章程应详细规定表决时间、表决方式、表决标准（按人还是按资）、未按规定表决的法律后果等。此外，对在瑕疵出现后如何补救的问题，应有所了解，如通知程序上的瑕疵，可通过事后取得该部分股东的同意予以补救；会议召集程序存在瑕疵，可因全体应到会成员出席而予以补救；通过章程的法定修改方式弥补之前决议违反章程的瑕疵等。

避免股东权益受损。控股股东利用控股地位，滥用权力，藐视中小股东，损害小股东利益，或以自己的意志取代公司的意志，拒绝为中小股东分配利润，导致公司因此陷入僵局，或被小股东诉请司法解散。建议股东充分利用章程“自治”原则，如规定当控股股东侵害公司利益时，赋予任一股东直接代为提起赔偿之诉的权利，或赋予异议股东回购请求权等。

避免董事履行职务瑕疵。董事违反忠实义务，利用职务上的优势和信息获取经济上的优势或其他优势地位，为自身谋利，损害其他股东或公司利益，这是一种违法行为，容易引起其他股东猜忌从而影响公司发展。建议对董事的此种行为采取事先和事后两种救济方式：一是在违法行为发生前行使阻却请求权；二是行为发生后要求公司对董事提起诉讼或股东直接提起诉讼，请求赔偿公司损失。

避免监事会无法履行监督职能。监事会成员达不到法定人数或董事、高级管理人员兼任监事，使监事会决议归于无效。建议严格筛查拟任职人员，确保符合条件的人员纳入监事会。

三、解散及清算中的法律风险防范

作为民事权利主体，企业与自然人一样，具有一定的生命周期。因为投资者自治原因或因企业存在行政、司法部门强制性原因而解散，解散后应依法清算。企业无论因何种原因解散，即陷入死亡边缘，对如何预防企业进入解散及解散后清算中的法律风险，作如下建议：

1. 关于企业解散。企业解散是企业终止制度的重要组成部分，也是企业退出市场的重要法律途径。企业解散的原因通常有三大类：一是一般解散原因；二是强制解散原因；三是股东请求解散。

避免企业僵局致使企业解散。如果企业代表利益的各方股东约定的股权比例不合理，导致股东意见不一致时，无法形成决议，企业易陷入僵局。建议企业章程应妥善设计，在章程中约定出现僵局时的救济措施，合理设置各方股东股权比例。

避免股东会解散决议瑕疵。大股东或者控股股东认为企业经营困难，自行解散企业，但因未达到法律规定的解散要求，导致决议无效，股东对企业债务承担连带责任。建议严格按照股东会决议解散公司流程进行，有限责任公司经代表2/3以上表决权的股东通过；股份有限公司经出席股东大会的股东所持表决权的2/3以上通过，才可以作出解散公司的决议。

避免司法解散诉讼的主体资格错误。如果解散企业的诉讼主体错误，可能导致法院不予立案或判决驳回诉讼请求。作为诉讼主体的原告资格是明确的，即“持有公司全部股东表决权10%以上的股东”，可提起公司司法解散诉讼。股东提起解散公司诉讼应以公司为被告。原告将其他股东一并提起诉讼的，应将其他股东列为第三人。

2. 关于企业非破产清算。公司非破产清算是指公司法人在资产足以清偿债务的情况下进行的清算，作为公司法人人格存续的最后阶段能否使得清算活动安全有序、公平有效地进行，对于有效保护股东、债权人和利益相关人的权益都有重要意义。

避免不及时清算。企业及其股东应在解散事由出现之日起十五日内成立清算组进行清算；此外，还应注意，在清算期间，只申报债权，清算组不得对债权人进行清偿；不得开展与清算无关的经营活动。在清理公司财产、编制资产负债表和财产清单后，发现财产不足以清偿债务的，应当向人民法院申请宣告破产。企业经人民法院裁定宣告破产后，清算组应当将清算事务移交给人民法院。

避免未经依法清算即注销登记。企业未经依法清算即办理注销登记，导致股东对公司债务承担相应的民事责任。清算组应当自公司清算结束之日起三十日内向原企业登记机关申请注销登记。

避免清算方案未按正确顺序进行。执行未经确认的清算方案给企业或者债权人造成损失，清算组承担赔偿责任。企业自行清算的，清算方案应当报股东会或者股东大会决议确认；人民法院组织清算的，清算方案应当报人民法院确认。未经确认的方案，清算组不得执行。进行支付时，严格按照下列顺序进行：清算费用、职工工资和劳动保险费用、缴纳所欠税款、清偿公司债务，股东分配剩余财产。

第二部分　民营企业合同管理中的法律风险防范指引

一、合同订立过程中的法律风险防范

企业间的经济往来，主要是通过合同进行的。一份好的合同，可以有效预防和避免纠纷的产生；而一份有缺陷的合同则会留下隐患，产生纠纷和败诉的后果，给一方或双方造成严重的经济损失。

避免口头合同。经济形势变化导致部分企业不能正常履约，少数企业会利用企业之间合同手续上的欠缺逃避违约责任。完备的书面合同对于保证交易安全乃至维系与客户之间的长久关系十分重要。建议尽可能与客户签署一式多份的书面合同，保持多份合同内容的完全一致并妥善保存。

避免证据缺失。受经济形势变化影响，在合同履行过程中双方变更合同内容，包括数量、价款、交货、付款期限等现象较多，但为避免纷争，建议妥善保管对证明双方之间合同具体内容有证明力的下述资料：与合同签订和履行相关的发票、送货凭证、汇款凭证、验收记录、在磋商和履行过程中形成的电子邮件、传真、信函等资料。

避免公章管理不善。建议完善有关公章保管、使用的制度，杜绝盗盖偷盖等可能严重危及企业利益的行为。在签署多页合同时加盖骑缝章并紧邻合同书最末一行文字签字盖章，防止少数缺乏商业道德的客户采取换页、添页等方法改变合同内容从而侵害企业的权益。

避免业务人员滥用签约权利。企业业务人员对外签约时需要授权。建议在有关介绍信、授权委托书、合同等文件上尽可能明确详细地列举授权范围，以避免不必要的争议。业务完成后建议尽快收回尚未使用的介绍信、授权委托书、合同等文件。企业业务人员离开企业后，建议在与其办理交接手续的同时，向该业务人员负责联系的客户发送书面通知，告知客户业务人员离职情况。

避免因超时效而丧失撤销权。如果认为客户在签署合同过程中存在欺诈、胁迫行为的，或者事后发现签署合同时对合同内容有重大误解，或认为合同权利义务分配显失公平的，可以请求法院撤销合同。但是撤销权的行使期限是一年，务必自知道或者应当知道撤销事由之日起一年内行使撤销权，否则将失去请求法院撤销合同的权利。当然，在撤销权行使期限内提出的请求是否能得到法院支持还将取决于所举证据是否充分。

避免“订金”、“保证金”与“定金”的概念混淆。在签订合同时可能为了确保合同履行而要求对方交付定金，由于“定金”具有特定法律含义，请务必注明“定金”字样。如果使用了“订金”“保证金”等字样并且在合同中没有明确表述一旦对方违约将不予返还、一旦己方违约将双倍返还的内容，法院将无法将其作为定金认定。

避免保证担保意思表示不明确。如果企业业务需要对方提供保证担保的，在与相关客户签署保证合同时请务必表述由保证人为债务的履行提供保证担保的明确意思，避免使用由对方“负责解决”“负责协调”等含义模糊的表述，否则法院将无法认定保证合同成立。企业可能为了业务需要向他人提供保证担保。无论是债权人还是保证人，建议在签署保证合同时写明保证期间起止点。

如果与对方约定的保证期间超过两年，法律将视保证期间为两年。如果没有明确约定，法律将视保证期间为主债务履行期届满之日起六个月。虽然选择“连带保证”还是“一般保证”取决于与客户之间的谈判磋商，但保证合同中务必写明“连带保证”或者“一般保证”字样。如果没有明确约定，法院将认为是连带责任保证。如果企业作为债权人，采取“一般保证”方式的保证合同所担保的债务到期后没有偿还的，请务必在保证期间内向债务人和保证人提起诉讼或者仲裁。采取“连带保证”方式的保证合同担保的债务到期后没有偿还的，请务必在保证期间内以可以证明的有效方式向保证人明确要求其立即履行担保义务。如果没有在保证期间内行使权利，保证人将免除担保责任。

避免因未办理抵押登记而丧失抵押权。如果企业业务需要对方提供抵押担保的，建议在签署抵押合同时立即与客户到有关登记机关办理登记手续。仅有抵押合同而没有办理登记手续将可能使权利丧失实现的基础。不必要的拖延和耽搁将可能使权利劣后于在这之前办理登记手续的其他企业。为避免客户在签署抵押合同后拖延、拒绝协助办理抵押登记手续的情形，建议在签署合同时对上述情形的违约责任作出约定，以此制约客户及时履行协助义务。

避免因未交付质物而丧失质押权。如果企业业务需要对方提供质押担保的，建议签署合同时立即与客户办理质押担保物或者权利凭证的交接手续。仅仅签署质押合同而没有实际占有质押物的，法院将无法保护实现质押权的请求。

二、合同履行过程中的法律风险防范

合同的履行，指的是合同约定义务的执行。合同主体在履行合同过程中，应当遵守一些合同履行的基本规则，涉及履行主体、履行标的和期限、履行地点和方式、合同履行中的第三人、合同履行不能抗辩权、补充协议等。

避免履行合同义务违约。依法成立的合同受法律保护。企业和客户之间订立的合同如果不存在违反法律、行政法规的强制性规定、损害社会公共利益等情形，即为受法律保护的有效合同，双方有义务严格遵循约定，全面履行合同义务。无论是单位改变名称、企业股权易手，还是法定代表人、负责人、经办人变更，都不能成为不履行合同的理由，这也是维系企业商业信誉的重要保证。

避免合同纠纷发生时选择不当的解决方式。经济形势的变化往往导致货物市场价格发生剧烈波动。建议不要轻易选择主动违约、解除合同或者提起诉讼等方式解决，与客户平等协商、寻找双方都能接受的解决方案更加有利于减少损失。即便是在诉讼程序中，接受法院主持下的调解将也更加有助于企业利益的保护。不主动寻求和解而一味等待裁决不一定最符合企业利益。

避免不当的合同结算方式。在确定付款方式时，无论是付款方还是收款方，除了金额较小的交易外，尽量通过银行结算，现金结算可能会带来不必要的麻烦。

避免验收货物不及时而错过异议期。购进货物是企业经营的日常业务，需注意及时验收货物，发现货物不符合合同约定的，务必在法律规定或者合同约定的期限内尽快以书面方式向对方明确提出异议。不必要的拖延耽搁，将可能导致丧失索赔权。

避免泄露商业秘密。在磋商、履行合同过程中，经常不可避免地接触到交易伙伴的商业信息甚至是商业秘密，在磋商、履行合同乃至履行完毕后务必不要泄露或者使用这些信息，否则将可能承担相应责任。

避免错失行使不安抗辩权的时机。在合同履行过程中，如果有确切证据证明对方经营状况严重恶化、转移财产或者抽逃资金以逃避债务、丧失商业信誉、有丧失或者可能丧失履行债务能力的其他情形的，可以及时通知对方中止履行依照合同约定应当先履行的义务，等待对方提供适当担保。中止履行后，对方在合理期限内未恢复履行能力并且未提供适当担保的，可以解除合同。

避免超期提出解除合同的异议。一旦客户通知企业解除合同，而企业对此存在异议，如果合同中约定了异议期限，则务必在约定期限内向对方以书面方式提出。如果在约定期限届满后才提出异议并向法院起诉的，法院将无法支持；如果合同中没有约定异议期间，务必在解除合同通知到达之日起三个月内向法院起诉，否则法院将不能支持对合同解除的异议。

避免因合同相对方违约时己方不采取措施而造成损失扩大。如果合同相对方违约，不管是什么理由，都应该及时采取措施，防止损失扩大，由此产生的合理费用将由违约方承担。如果消极对待、放任损失的扩大，对于扩大的损失法院将无法予以保护。

避免权利超诉讼时效。合同相对方拖欠货款现象在企业经营过程中时有发生，注意法律关于诉讼时效的规定，向法院请求保护民事权利的诉讼时效期间一般为三年。为了保护己方的权利不至于因为时间流逝而丧失，可以在诉讼时效期间届满前以向对方发送信件或者数据电文等可以证明主张权利的有效方式进行处理。信件中务必要有催请尽快支付拖欠货款的内容。

三、合同纠纷解决过程中的法律风险防范

在合同履行过程中发生纠纷而协商不成时，就要考虑用法律手段来维护自己的权益了。诉讼作为一种维权手段，其中蕴涵着众多的因素，像如何顺延诉讼时效，怎样选择最佳的诉讼期，诉讼之前要做好哪些准备工作等等，都会影响诉讼的结果。而且，再成功的诉讼如果没有进行财产保全导致胜诉却无法执行，也不能算是完美的诉讼。所以，企业用诉讼手段来维权时，一定要及时准确。

避免盲目选择救济途径。通过诉讼途径解决债务纠纷虽然具有效力强、权威高的优点，但确也存在成本高、时间长等缺点。在集团公司及下属公司遇到债务纠纷时，如果灵活选取和运用其他的法律规则，可一定程度避免上述问题，从而控制成本、提高效率、降低风险，具体来讲可以采用以下规则：①灵活约定仲裁：在合同签定时，如果面临标的大、对方履约诚信差以及地方保护主义严重等情形时，一般可以采用仲裁的方式，仲裁具有的专业性、灵活性、保密性、快捷性、经济性、独立性的特点以及一裁终局的规定，就可以使我们减少成本，缩短时间，提高效率，减少诉讼带来的麻烦。②适当采用公证：在合同签订的时候，也可以通过当地公证处进行公证，公证书具有比其他单位和个人提供的证明文件更高的证据能力，除有提交证据足以推翻以外，司法机关和仲裁机关可以直接作为认定事实的根据。对于经过公证的合同，在一方违约时，由于公证具有强制执行的效力，对于不履约的经过公证的合同，可以提交法院申请强制执行。③巧妙选取代理：在异地诉讼的时候，由于地方保护主义的干扰，对方当事人具有“主场优势”，因此为了保证诉讼取得良好的效果，在必要的时候选取一定的代理机构，对于债务的解决也具有润滑和加持的作用。但是代理的方式对于当事人来说可以灵活选取，如可以打包一并代理，也可以分拆部分代理，通过这种灵活处理，可以有效的节约费用、降低成本。④适时申请支付令：当双方是金钱债务纠纷，并且在债权债务关系清晰的情况下，债权人通过向法院申请支付令，由法院向对方当事人发送支付令，在规定时期不履行时，可通过法院强制执行。缺点是一旦对方提出异议，就要进入普通诉讼程序，所以具有不确定的因素。

第三部分 民营企业融资的法律风险防范指引

一、银行贷款融资的法律风险防范

现行经济环境下，中小民营企业普遍面临资金短缺问题，融资就成为企业的一个重要财务问题。银行借款和票据融资是企业重要筹资方式之一。融资是一把双刃剑，既可以带来财务杠杆利益，又会产生融资风险。对民营企业来说，采用银行借款经营的方式必须衡量由此带来的收益和风险损失。

1. 关于贷款、承兑汇票。企业贷款是指企业为了生产经营的需要，向银行或其他金融机构按照规定利率和期限进行借款。银行承兑汇票是由付款人委托银行开具的一种远期支付票据，票据到期，银行具有见票即付的义务。

避免粗略地填写贷款合同。如因贷款合同中贷款目的及贷款用途不正确填写，将会使企业处于随时被要求还贷的可能。此外，企业法定代表人及经办人还存在因此触犯骗取贷款罪的法律风险。建议企业严格审核贷款合同，对合同中的非格式部分审慎对待。

避免汇票因记载事项瑕疵而无效。汇票欠缺记载事项或记载事项不符合规定时，可能导致汇票无效，影响企业正常融资。建议企业全面了解签发银行承兑汇票必须记载的事项，如标明“银行承兑汇票”字样、无条件支付的委托、确定的金额、付款人名称、收款人名称、出票日期、出票人签章等事项。欠缺上述记载事项之一的，汇票无效。银行承兑汇票应由在承兑银行开立存款账户的存款人签发。

避免票据背书不连续。票据背书不连续或连续性无法辨认，严重的导致无法贴现与解付，对企业融资及资金的流通效率乃至商誉都可能带来不利的影响。建议企业在实际业务中，应要求操作人员熟悉票据操作业务，避免因背书过程中的种种错误而出现背书瑕疵票据，直接影响票据人的票据权利。

2. 关于担保、互保、联保。贷款担保是指银行在发放贷款时，要求借款人提供担保，以保障贷款债权实现的法律行为，贷款担保与合同担保一样包括保证、抵押和质押。互保贷款是指两企业之间互相担保获得贷款，对等承担担保责任向金融机构申请贷款，此种贷款方式是一种不需要实质抵押物的互相信用担保就可获得大额贷款的融资工具。联保贷款是指没有直系亲属关系的多个自然人或小企业等自愿组成相互担保的联保小组后，银行向联保小组任一成员发放的贷款。

避免借新还旧中的风险。借款合同双方当事人协议以新贷偿还旧贷，作为互保、联保的保证人出具同意意见书或接收借新还旧贷款通知书，可能导致保证人对新贷仍需承担保证责任。建议企业在为他人提供担保时，应充分考虑在借新还旧的贷款中，是否还愿意为新贷款承担担保责任。

避免违法对外担保。企业向其他企业投资或为他人提供担保，依照公司章程规定，由董事会或股东会（大会）决议，但是现行法律并没有规定企业违反内部程序对外提供担保应认定无效，即企业仍需承担担保责任。

避免为有违法违规嫌疑的借款合同提供担保。现实中，经常有借款人提供虚假材料或伪造材料骗取银行贷款而构成犯罪，作为担保人的企业仍存在需承担担保责任的风险。建议为他人提供担保，特别是互保、联保中的企业，在与银行工作人员商谈贷款时，尽量按照操作规范及工作流程进行，避免参与制作或提交虚假材料。在互保联保中，当银行工作人员或其他企业要求或暗示制假造假才能发放贷款而又不愿承担风险的，则明确拒绝，并保留相关证据。

避免高管以企业名义贷款而由企业承担责任。对企业直接负责的主管人员以单位名义对外质押贷款，将贷款占为己有，而企业避免不了承担还款责任。对企业来说，最有效的防范措施是完善法人治理结构以保证其有效运行。保证企业的营业执照、组织机构代码证、其他许可证、财产登记表、开户许可证、生产相关资质、主体的经营状态及财务报表等资料出借必须注明其用途，需加盖公章的，公章管理人员进行核实。

避免多米诺骨牌效应风险。在互保和联保的贷款中，担保企业中的一家企业出现资金紧张，在某个银行产生不良贷款，必然引起所有银行的关注。如果多家银行大量抽逃资金，势必导致资金链断裂，不仅对企业产生致命打击，对未抽退资金的银行也将造成巨额损失。建议企业充分认识互保及联保中的法律风险，慎重选择互保和联保贷款。此外，银行在中小企业申请贷款时处于优势地位，中小企业在申请贷款时，有时会被银行工作人员要求给银行的某个经营状况不良好的客户企业提供担保。企业切勿为了获得贷款提供此类担保，应明确予以拒绝。

3. 关于委托贷款。委托贷款是指由政府部门、企事业单位及个人等委托人提供资金，由金融机构（即受托人）根据委托人确定的贷款对象、用途、金额、期限、利率等发放的贷款。

避免委托借款中与银行的利益冲突的风险。企业将非流动资金委托银行贷款，而借款人另在银行有贷款，当借款人资不抵债时，贷款银行利用其信息和担保等优势主张优先收回银行自有资金发放的贷款。可能在处理银行贷款后，借款人已经没有任何偿还能力，导致委托人发放的贷款无法收回。关于这种利益冲突的风险，目前法律并没有相关规定，作为委托人，企业在决定委托银行发放贷款前，应调查借款人是否已与银行存在借贷关系。避免将款项出借给存在利益冲突的企业。非要发放该种借款时，应和贷款银行在委托贷款合同中进行明确约定，利益冲突出现时的告知义务、债务清偿义务、债务清偿的顺序或债务的分配比例。

避免委托人指示不清。企业在委托银行贷款中，过于信赖银行，对各种委托授权及指示没有详尽罗列，也没有进行必要限制。出现纠纷时，直接影响债权安全。建议企业在订立委托贷款合同时，一定要详细约定贷款的条件、用途，明确授权贷款的范围、对借款人基本情况审查的义务和及时按期向借款人催收借款的义务等都必须约定详尽。

避免通过委托贷款融资的成本过高。企业通过委托贷款融资的，应首先明确除利息以外的费用，并约定各方承担范围。尽量将融资成本控制在企业可接受的范围内。

避免发放纯信用贷款。企业经不起银行工作人员或借款人的诱导，或者为了获得更高的收益，委托银行发放没有任何担保的信用贷款，当借款人违约时，导致发放的借款无法收回。建议企业尽量避免向委托贷款人发放没有任何担保的纯信用贷款。

二、股权融资的法律风险防范

股权融资是指企业的股东愿意让出部分企业所有权，通过企业增资的方式引进新的股东的融资方式，总股本同时增加。股权质押融资、股权交易增值融资、股权增资扩股融资和股权的私募融资，逐渐成为民营中小企业利用股权实现融资的有效方式。

1. 关于股权转让。股权转让是指公司股东依法将自己的股份让渡给他人，使他人成为公司股东的民事法律行为。股权转让是股东行使股权经常而普遍的方式。由股权转让引发的纠纷在公司诉讼中最为常见。

避免股权估值差异。不同的评估机构采用不同的评估方法，股权评估结果可能差异较大。建议企业在价值评估中根据评估对象的具体情况进行客观分析，在多种评估方法中选择一种最为合适的方法，同时参考使用其他方法，从多角度来评估目标企业的价值，以降低股权价值评估的失误风险。

避免泄密。融资企业在与投资人初步接触阶段，基本都已制作商业计划书交予投资人进行初步评审，其中商业秘密的披露要适当，否则当融资失败时，可能因为过度的披露而导致泄密。

避免股权变更不能。在股权转让中，股权出让方的主要义务是办理股权交割，交割的主要标志就是完成工商登记变更。如果由于出让方的原因而导致股权没有按照约定的期限进行交割，则出让方极有可能需赔偿投资方一大笔费用（包括评估、调查等费用及所发生的全部损失）。企业应对的策略是按照公司章程，确保各方股东对企业融资的支持，理清企业职责权限及相关义务，避免因自身原因导致股权变更不能。

2. 关于私募股权融资。私募股权融资，也称私募股权投资，是指通过私募基金对非上市公司进行的权益性投资。在交易实施过程中附带考虑了将来的退出机制，即通过上市、并购或管理层回购等方式，出售持股获利。如今，私募股权融资逐渐成为中小民营企业融资的主流方式，是指一些非上市企业通过私募的方式采用的一种权益性融资方式。因其自身存在的一些弊端，导致潜在的法律风险。

避免融资目的不明。企业仅知道通过转让股权可以获得资金，但对股权私募融资了解甚少，可能因经营理念不同或引入竞争者或影响上市进程或被稀释股权等导致法律纠纷。建议企业应首先明确股权私募融资的目的，是为了单纯的融资、部分股权套现、引入战略伙伴，还是为了最终上市。私募股权的性质不同，所选择的投资者也不同。

三、民间融资的法律风险防范

民间融资是区别于向合法金融机构进行融资，通过支付相对较高的利息以获取货币资金的一种渠道、手段。部分民营中小企业，由于自身的规模较小以及信用问题等限制，使得它们能从正规金融机构获得的资金是很有限的。因此，它们不得不选择正规金融资金以外的融资渠道，民间融资在中小企业中应运而生。民间融资出现后，在缓解小微企业融资难方面发挥了重要作用，但是也存在融资机构良莠不齐，容易引发金融风险等问题。

1. 关于企业间借款。谈及民间融资，这里需要特别说明的是，基于上下游、合作关系，或者经营上的需要，企业之间存在巨大的融资需求。为了规避企业间拆借无效的规定，多年来企业通过虚假交易、名义联营、企业高管以个人名义借贷等方式进行民间融资。也有大量的资金通过银行委托贷款的形式实现企业间借贷。基于此，最高人民法院于2015年8月6日发布《关于审理民间借贷案件适用法律若干问题的规定》（以下简称《规定》)，其中第11条规定，法人之间、其他组织之间以及它们相互之间为生产、经营需要订立的民间借贷合同，除存在《合同法》第52条、《规定》第14条规定的情形外，当事人主张民间借贷合同有效的，人民法院应予支持。这就意味着，企业为了生产经营的需要而相互拆借资金从此有了司法保护。

避免关联企业间无偿借款时的法律风险。只要出现企业间借款不收利息的情况，税务机关就会探究其可能取得其他经济利益的渠道。企业将面临按照金融保险业补交营业税、企业所得税的风险。企业为避免上述风险，最好的办法就是证明自己借款理由的正当性，确属“无偿”。

避免将融资来的资金用来放贷。民营企业以向其他企业借贷或向本单位职工集资取得的资金又转贷给借款人牟利或套取金融机构信贷资金又高利转贷给借款人时，企业可能面临借贷合同无效、涉及刑事犯罪等法律后果。企业间的借贷应以本企业闲置资金为限。

避免关联企业违规违法拆借。例如未经股东会或董事会同意，法定代表人利用职务之便将A企业资金借给B企业，B企业又属于其个人控股企业。如果最后无法归还，则存在涉嫌抽逃资金或职务侵占、挪用资金罪的刑事风险。建议企业间的拆借应严格按照公司章程进行，高管及经办人员切勿私下实施，各项会议决定及会议记录均应完整保存。

避免债务转化的借贷关系得不到司法确认。实践中，一些企业因经营往来频繁但怠于结算或因债务减免，将合同债务简单地以出具借条的形式予以确认。此种情况下，可能因无实际的借贷存在导致无法追索。建议企业对因买卖、承揽、股权转让等其他法律关系产生的债务，经结算后，债务人以书面借据形式对债务予以确认的，应保留双方的结算单、往来款项及函件的记录。

2. 关于企业与股东间的借款。企业与股东间的借款包括企业向股东的借款和股东向企业提供的借款。这其中应注意，企业向股东的借款实际上属于民间借贷，一般情况下有效，但具有下列情形之一的，无效：企业以借贷名义向职工非法集资、企业以借贷名义非法向社会集资、企业以借贷名义向社会公众发放贷款，其他违反法律、行政法规的行为。

避免企业向股东借款后因怠于诉讼导致款项无法追回。《公司法》虽规定了公司不得直接或通过子公司向董事、监事、高级管理人员提供借款，但对于股东却没有规定，如果股东未在公司担任上述职务，则公司向股东提供借款，应予准许。股东获得企业借款后，迟迟不予归还，而大股东或实际控股股东掌控了公司，也不起诉诉请借款股东偿还债务，导致公司借款因超过诉讼时效而无法追回，公司或小股东利益受损。符合条件的小股东可以书面请求董事会（监事会）或者不设董事会的有限责任公司的执行董事（执行监事）向人民法院提起诉讼。监事会、不设监事会的有限责任公司的监事、董事会、执行董事收到书面请求后拒绝提起诉讼，或者自收到请求之日起 30 日内未提起诉讼，或者情况紧急、不立即提起诉讼将会使公司利益受到难以弥补的损害的，提起书面请求的小股东可以自己的名义直接向人民法院提起诉讼，以保护公司利益。

避免股东向企业出借的款项变注册资本。如企业与股东融资协议约定，企业到期不归还的，借款转变为股东对企业的投资，由此导致的法律后果是，企业可能因此导致低价格增资，股东的股权被稀释。建议企业在向股东融资时签署正规的借款协议，避免加入逾期归还借款转变为增资的条款，股东在借款融资的股东会议中应对增资的条款持反对意见。确因融资需要妥协的，亦应约定按市场价或经对公司估值后折兑股权。

3. 关于企业向员工集资。实践中，企业为了扩大再生产，动员职工及其家属集资，或在本单位吸收职工存款入股。无论哪种融资，都存在一些“灰色地带”，特别是债权式的内部集资直接面临“非法吸收公众存款”等非法集资法律风险。

避免非法集资。企业未依照法定程序经有关部门批准，以发行债券、投资收益或原始股的方式向员工筹集资金。此类行为的法律后果是企业因未符合手续等原因而被认为涉嫌非法集资，甚至被认定为非法吸收公众存款罪。建议企业在进行内部集资过程时，注意把握合法与非法的界限。借款对象必须严格控制在本企业内部职工范围内，不要扩大到职工的亲朋好友或其他关系人。借款只能用于发展生产和扩大经营活动，不要用于诸如向其他企业或个人转贷等。

借款利息最好约定在一个合理的范围内，最好经相关部门审批（或备案）。

避免克扣员工工资集资。企业向员工借款融资，应与员工协商，不能仅与员工代表开会确定，确因公司资金周转困难的，可以采取延期发放工资的方式。

4. 关于小额贷款公司借款。企业向小额贷款公司借款有三个优点：申请门槛低、放款速度快、借贷信息不会被纳入征信系统。同时，也有两个缺点：贷款费用高、贷款骗局多。

避免盲目向小额贷款公司借款。建议企业在向小额贷款公司借款时，多考察几家公司并进行比较，避免小额贷款公司要求贷款企业以收取保证金、手续费、利息等名目而提前交费的情况，亦应避免先扣利息（即融资企业实际收到的贷款数额比贷款机构实际发放的少，而小额贷款公司解释属于利息）的情形发生。

四、新三板融资的法律风险防范

2006年，中关村科技园区非上市股份公司进入代办转让系统进行股份报价转让，称为“新三板”。新三板的定位主要是为创新型、创业型、成长型中小微企业发展服务。由于这类企业普遍规模较小，尚未形成稳定的盈利模式，而交易市场对企业的准入条件较高，挂牌新三板有助于这些企业解决融资难题。

企业通过新三板融资的途径包括定向增发、银行信贷、中小企业私募债、优先股、资产证券化等。除此之外，新三板还为挂牌企业发行新的融资品种预留了制度空间，以丰富融资品种，拓宽挂牌企业融资渠道，满足多样化的融资需求。新三板可能带来巨大财富，但也可能让投资者及企业面临诸多风险，企业应注意防范。

避免挂牌失败。例如企业因收入真实性明显存疑、财务明显存在重大不规范，或需要特殊资质的行业或公司无法拿到资质，最终导致无法挂牌，企业可能因前期融资费用支出过大而陷入财务危机。防范的方法是，企业在确定进行新三板融资前，应了解当地的政策导向，如果地方政府助推企业进行新三板上市，应了解地方政府的补贴发放条件及数额。另外，企业在考虑新三板上市融资前，应对各中介机构进行比较，避免因中介机构被整顿影响自身上市挂牌。

避免融资效果达不到预期。企业虽然挂牌新三板，但是交易冷清，如部分企业挂牌一年多，但成交却寥寥无几，导致的后果是企业不能实现融资目的，不但无法获得资本支持，还因此支出不必要的成本。建议企业在确定进行新三板融资前，确定企业的定位，在融资路演推介中对报价进行合理评估，挂牌后进行必要的推广。

避免企业控制权的流失。上市后的民营企业，可能因股权的流动性大增，而丧失对企业的控制权。建议原股东可以：通过协议或者其他安排，与其他投资者共同扩大其所能够支配的一个上市公司股份表决权数量；通过修改公司章程来增加外部竞争者的收购难度和时间成本，进而确保自身的实际控制权。

五、融资租赁的法律风险防范

融资租赁是指出租人根据承租人对租赁物件的特定要求和对供货人的选择，出资向供货人购买租赁物件，并租给承租人使用，承租人则分期向出租人支付租金，在租赁期内租赁物件的所有权属于出租人所有，承租人拥有租赁物件的使用权；租期届满，租金支付完毕并且承租人根据租赁合同的规定履行全部义务后，可以按照合同约定取得租赁物的所有权。融资租赁具有避免一次性巨额资本支出、低成本、租金收取方式较为灵活、设备选择自主性强等优势，但在选择融资租赁的过程中，也要注意防范以下法律风险：

避免签署空白合同。企业通过融资租赁进行融资融物时，出租人处于强势地位，通常使用出租人提供的空白合同文本，这些空白格式合同对出租人极其有利，对承租人极其苛刻，甚至还潜伏着许多陷阱。融资企业存在发生纠纷后被篡改合同的风险，因此应尽量避免。

避免因出租人违约而遭受损失。建议企业应约定租赁物到达并安装试用合格后融资租赁合同正式生效。约定租赁物不得设置抵押以及用租赁物进行其他不利于租赁的任何行为，并在合同中对出租人各种违约行为进行较重的惩罚。

避免租赁物质量瑕疵时权利无保障。出租人因不负担租赁物的瑕疵担保义务，一般不承担质量保证责任，为了规避风险，减少纠纷，融资企业可以考虑：签订合同时，尽量要求出卖人承诺向承租人承担质量责任；保留承租人依赖出租人的技能干预选择或直接确定工程机械的证据；发生质量问题时，书面向出卖人提出索赔，同时书面通知出租人需其协助的具体事项。

避免租赁物损毁灭失的风险。通常，承租人占有租赁物期间，租赁物损毁、灭失的风险由承租人承担。建议融资企业与出租人协商：①要求出租人对租赁物进行投保，减少企业对租赁物灭失的责任；②在租赁物损毁灭失情况下，补偿数额的范围以保护出租人对合同未履行部分的实际损失为限；③租赁物损毁灭失导致合同解除的，承租人不再负担全部租金的支付义务，而是结合租赁物的折旧情况给予出租人以相应的补偿款。

避免出租人因承租人欠付租金解除合同、收回设备时巨额的解约赔偿风险。承租人如果未按合同约定的期限和数额支付租金，符合合同约定的解除条件的，经出租人催告后，在合理期限内仍不支付的，承租人面临支付租金和逾期未交付违约金的风险，或者出租人解除合同的，收回设备后，还要支付出租人解约违约金。建议融资企业从以下几个方面应对：①提供依据说明，合同是出租人为反复使用而制定的格式合同，如提供该出租人的其他融资租赁合同，要求按照不利于出租人原则理解合同有关解约赔偿的约定；②尽量避免拖欠租金，即使欠付了，也尽量与出租人协商，避免被解除合同；③既然解除了合同，剩余租金就不应再支付了，对解约违约金太高的要求予以拒绝。

避免设备被回购风险。当承租人未按融资租赁合同的约定支付租金等违约情形发生时，设备回购条件成就，制造商、销售商应在收到出租人发出的回购通知后，无条件向出租人支付约定的价款，回购租赁物，出租人则向其转让租赁设备所有权。此时，承租企业面临租赁物被收回、支付租金和违约金的责任，且租赁物回购价格相对市场价格偏低，企业损失严重。建议融资企业在对方引入回购人时提出反制或限制条款：如要求自身拥有优先购买权，防止回购价格偏低；约定企业拥有某些特定条件下对回购的抗辩权。

关于民营企业如何防范融资的法律风险，在这里再系统赘述一下：

（一）融资前的工作：（1）制定完备的融资计划。首先，就融资规模而言，应当合理控制融资对象的数量和类型；其次，就贷款利率或融资回报率而言，企业应当依据实际经营状况和还款能力，选择合适的贷款利率或融资回报率，不要为了过分夸大企业经济实力而向贷款人许诺超出企业承受能力范围的高息作为融资回报，以防止其因无法承受高额利息而被套上还款的枷锁；（2）制订完备的风险防控方案。

（二）融资过程中的工作：（1）提供真实的信息与证明资料；（2）签订规范的借款协议并办理相关手续。

（三）融资成功后的工作：（1）将融资用途限定在企业生产经营方面；（2）有计划地合理使用贷款资金；（3）发生纠纷后积极稳妥地处理。

第四部分　民营企业物权保护方面的法律风险防范指引

物权是经济发展的基础，是交换的前提，是人生存发展的物质保障。同理，民营企业要生存发展，非常重要的一点，就是必须要重视保护它的物权。针对民营企业物权保护法律风险防范作以下提示：

1. 企业通过改制、买卖、共有物的分割、投资等方式取得土地、房屋等不动产，法律规定应当办理登记的，应及时办理不动产物权登记，取得不动产权属证书。切勿为不正当目的而与他人达成不办理不动产转移登记的“内部协议”，这种协议既不受法律保护，也可能给企业带来很大的风险。

2. 企业的动产权利凭证应当妥善保管。通过买卖、共有物的分割、融资租赁、投资等方式取得的动产，应当及时办理交付手续，实际占有动产。对于法律规定需要办理登记的船舶、航空器、机动车等特殊动产，应当及时办理变更登记，以避免发生权属争议的风险。

3. 如果企业购买不动产或接受他人以不动产的投资，应当仔细审查不动产权属是否清晰、有无争议、不动产上是否存在担保物权等其他物权。可以要求不动产所有人协助企业到登记机关查询不动产的权属状况，对于交易金额较大的不动产，还可以委托律师就不动产权属是否清晰、是否涉诉、是否设立担保物权进行调查。受让权属不清、有争议或者设立有其他物上权利的不动产可能会让企业陷入纠纷，带来财产损失。

4. 对于无规划行政部门、建设行政部门核准审批建造的房屋（除历史形成的合法建筑外），通常属于违法建筑。租赁或受让违法建筑，既可能面临该建筑物被拆除而无法获得补偿的风险，也要承担违法建筑因建筑质量安全、消防安全引发的人身伤亡、财产损失的巨大风险，企业务必慎重。

5. 企业通过买卖、以物抵债等方式受让他人的土地使用权、房屋时，应审查是否为集体土地使用权，是否为在集体土地修建对外出售的房屋（俗称小产权房）。除法律另有规定外，企业与他人签署的有关受让集体土地使用权、买卖小产权房或以物抵债协议均无法得到法律保护。

6. 如果企业以按揭方式购买商品房时，预告登记可以保障买受人将来取得物权，建议向登记机关申请预告登记。但应该清楚预告登记并不直接具有排他的物权效力，应在能够进行不动产登记之日起三个月内向登记机关办理所有权登记；否则，如他人在该房屋或其他不动产上设定了所有权或担保物权，企业将无法取得协议约定的不动产。

7. 如果企业依法取得的探矿权、采矿权上有建设项目立项，可以要求建设企业委托具备资质的地质勘查单位，对建设项目是否对矿产资源构成压覆进行地质调查，并要求建设企业向省级国土部门评审中心对是否构成压覆进行评审；对构成压覆矿产资源的，企业作为矿业权人有权要求建设单位在压覆范围内赔偿相应的损失。

8. 如果企业的业务需要对方提供抵押担保，建议在签署抵押合同时立即与客户到相关部门办理登记手续。仅有抵押合同而未办理抵押登记，将可能导致不享有抵押权或者抵押权不能对抗他人在抵押物上设定的权利。不必要的拖延和耽搁将可能使权利劣后于在这之前办理抵押登记手续的其他债权人。同时，请务必在主债权诉讼时效期间届满前行使抵押权，否则抵押权可能得不到人民法院的保护。

9. 如果企业的业务需要对方提供质押担保的，建议在签署合同时立即与客户办理质押担保物或者权利凭证的交接手续。仅仅签署质押合同而没有实际占有质押物的，法院将无法保护实现质押权的请求。如果客户以可以转让的股权或商标专用权、著作权中的财产权出质的，建议在签署合同时立即向证券登记机构或相应知识产权管理部门办理出质登记。

10. 对于债务人到期未履行债务，如果企业是抵押权人、质权人、留置权人，可以到担保财产所在地或者担保物权登记地的基层人民法院通过实现担保物权特别程序，高效维护企业的合法利益。

第五部分　企业涉诉后的法律风险防范指引

一、在民事诉讼中的法律风险防范

民事诉讼是一个复杂的概念，涉及起诉、应诉、举证、代理、回避、诉讼时效、管辖等，在企业的各类诉讼中，与企业日常运营活动关系最为密切，导致企业承担不利诉讼后果风险最多的也是民事诉讼。

1. 关于起诉与受理。民事诉讼中的起诉，是指公民、法人及其他民事主体在认为自己的民事权益受到侵害或者与其他民事主体发生争议时，向法院提出诉讼请求，要求获得法院的司法救济，依法作出裁判的行为。起诉必须符合以下条件：原告是与本案有直接利害关系的公民、法人或其他组织；有明确的被告；有具体的诉讼请求和事实、理由；属于人民法院主管范围和受诉人民法院管辖。

受理是指人民法院对公民、法人或者其他组织的起诉进行审查后，对符合法律规定的起诉条件的案件决定立案审理，从而引起诉讼程序开始的诉讼行为。

在起诉和法院受理阶段，企业应注意防范以下风险：（1）避免起诉不符合法定条件。此种情况下的起诉，人民法院不会受理，即使受理也会驳回起诉。（2）避免诉讼请求不适当。此种情况下，可能无法获得法院的支持或因诉讼标的额而多付诉讼费用。（3）避免逾期变更诉讼请求。当事人增加、变更诉讼请求或者提出反诉，超过人民法院许可的期限或者法定期限的，人民法院不予审理。（4）避免超诉讼时效。当事人在诉讼时效届满后提起诉讼的，如果其没有合理理由，其诉讼请求得不到支持。（5）避免诉讼主体不适格。在审判程序开始之后，法院发现当事人不适格的，会裁定驳回起诉。（6）避免逾期交纳诉讼费。当事人起诉，不按时预交诉讼费，或者提出缓交、减交、免交诉讼费用未获批准，但仍不交纳诉讼费用的，法院将会裁定按自动撤回起诉处理；当事人提出反诉，不按规定预交相应的案件受理费，法院将不会审理。

2. 关于应诉与答辩。企业接到了法院的应诉通知书，就说明已经涉诉，企业应该按照法律规定和法院的指示，积极应诉，同时运用法律武器来维护自己的合法权益。

合理的应诉活动包括以下几个方面：（1）签收法院送达的各种诉讼文书；（2）企业委托代理人代为诉讼；（3）提交答辩状；（4）收集、提交证据；（5）按时参加庭审；（6）裁判文书出来以后，如果不服，在指定的期限内上诉或申请再审。

答辩就是针对原告或者上诉人的诉讼（上诉）请求及其所依据的事实与理由进行反驳与辩解。答辩内容要尊重案件事实、要有鲜明的针对性、要紧扣争议的焦点、要科学地运用反驳和立论的方法。

在应诉与答辩阶段，企业应注意防范以下风险：（1）避免超期提出管辖权异议。提出管辖权异议的期限是自收到起诉状副本之日起十五日内，未按时提出的，人民法院不予处理。（2）避免超期提出反诉。被告提起反诉的，最好在举证期限届满前提出；超期提出，人民法院不予受理的，可以另行起诉。（3）证据的提供。当事人应当在举证期限内向人民法院提交证据材料，在举证期限内提交证据材料确有困难的，应当在举证期限内向人民法院申请延期举证，经人民法院准许的，可以适当延长举证期限。在延期的举证期限内提交证据材料仍有困难的，可以再次提出延期申请，是否准许由人民法院决定。（4）申请延期审理。被告企业及其法定代表人有延期审理的理由，应当向法院提交申请。可以延期审理的情形包括：一是必须到庭的当事人和其他诉讼参与人有正当理由没有到庭的；二是当事人临时提出回避申请的；三是需要通知新的证人出庭，调取新的证据，重新鉴定、勘验或者需要补充调查的；四是其他应当延期的情形。

3. 关于诉讼保全。诉讼保全是指法院审理案件时，在作出判决前，为防止当事人转移、隐匿、变卖财产，依职权或依当事人申请对财产作出的保护措施，以保证将来判决生效后能得到顺利进行。具体措施一般包括查封、扣押、冻结。在诉讼保全阶段，企业应注意防范以下风险：（1）避免保全后不起诉。采取诉前财产保全后，未在法定期限内提起诉讼，或在保全后申请撤诉，被诉企业可能因此转移财产。企业如果确定不起诉，必须与债务人落实还款计划及有效的担保措施。在人民法院解除财产保全措施后，仍要继续加强对债务人财产的监控，防范债务人拖延时间，转移财产逃债，一旦出现不利情况，应立即起诉，并申请采取诉讼中的财产保全措施。（2）避免保全措施不当。针对不同的被保全财产，采取相应的财产保全措施。财产保全措施包括查封、扣押、冻结以及法律规定的其他方式。债权人在申请财产保全措施时，应针对动产或不动产等具体财产的性质、属性等，采取相应的保全措施。（3）避免超标的查封。保全申请人申请保全财产数额较诉讼请求数额过多，可能不被受理或因此给被申请人造成不必要的损失，需承担赔偿责任。（4）避免续封不及时。原财产保全查封到期后，企业没有及时申请续查封，极易致使原查封财产流失。

4. 关于庭审。开庭审理，是案件审判的中心环节。为了有效地准备或者进行诉讼，企业应当了解开庭审理的主要过程。开庭审理大致分成庭前准备、法庭调查、法庭辩论和评议、宣判等几个阶段。企业在参加庭审的过程中，要注意防范以下风险：（1）避免忽视申请司法人员回避权。在参加民事诉讼的过程中，如发现司法人员与案件或案件的当事人有某种特殊的关系，应及时申请相关人员回避。(2) 避免证人不到庭作证。提供证人证言的，证人需亲自出庭作证，否则会导致证言效力降低，甚至不被法院采信的后果。(3) 避免原告不到庭。原告经传票传唤，无正当理由拒不到庭，人民法院将按自动撤回起诉处理。(4) 缺席审理。被告无正当理由未到庭或未经法庭许可中途退庭的，法院将缺席审理，缺席者丧失申辩和质证、发表自己意见的机会。

5. 关于上诉。上诉是当事人的诉讼权利，这是我国审级制度决定的。当事人行使上诉权，依照法律规定必须具备以下条件：第一，提起上诉必须是享有上诉权或可依法行使上诉权的人；第二，提起上诉的对象必须是依法允许上诉的判决或裁定；第三，必须在法定期限内提起上诉；第四，必须递交上诉状。上述四个条件，需同时具备。企业决定提起上诉后，应注意以下事项：(1) 上诉时间。对一审判决、裁定不服的，可在法定期间内向上一级法院提起上诉，逾期不上诉的，则一审判决、裁定发生法律效力，将承担丧失上诉权的风险。(2) 撤回上诉。上诉人在上诉后因其他原因撤回上诉，法律后果一是一审人民法院的判决或裁定即发生法律效力；二是当事人丧失了对本案的上诉权。建议在撤回上诉前应考虑各种可能，确因双方协商一致的，可以要求法院出具调解书。

二、在商事仲裁中的法律风险防范

为了适应现代社会及时合理解决民事纠纷的需求，我国建立了多元化的民事纠纷解决机制，其中包括和解、调解、仲裁（本文所述仲裁仅指商事仲裁）及民事诉讼。

仲裁是指纠纷当事人在自愿的基础上达成协议，将纠纷提交非司法机构的第三者审理，第三者就纠纷居中评判是非，并作出对争议各方均有约束力的裁决的一种纠纷解决制度、方法或方式。仲裁的主要特点如下：首先，仲裁以当事人协议一致为前提。其次，仲裁非国家裁判行为，与法院对民事案件的裁判在性质上截然不同。同时，虽然国家承认仲裁裁决具有与法院判决同等效力，可以通过法院强制执行，但国家享有对仲裁的监督权。再次，仲裁的事项应当是当事人可以自由处分的部分民事权利和财产权利。最后，仲裁裁决一裁终局。

1. 关于仲裁协议。仲裁协议是指双方当事人在自愿、协商、平等互利的基础上将他们之间已经发生或可能发生的争议提交仲裁裁决的书面文件，是申请仲裁的必备材料。

避免没有仲裁协议。合同中如没有列明通过仲裁程序解决纠纷，双方也没有另外达成仲裁协议，一方申请仲裁的，仲裁委员会不予受理。

避免有仲裁约定但选择向法院起诉。当事人达成仲裁协议或有仲裁的条款，但在纠纷发生后，一方选择向人民法院起诉。此种情况下，存在法院不受理或受理后予以驳回起诉的风险。作为起诉一方的企业，如果存在仲裁约定，应谨慎选择向法院起诉，避免徒增费用和时间。作为被诉方，如不想通过法院解决纠纷，可以在首次开庭前提交仲裁协议，要求人民法院驳回起诉。在首次开庭前未对人民法院受理该案提出异议的，视为放弃仲裁协议，人民法院可以继续审理，会被推定为默示司法管辖。

避免因超出法律规定的仲裁范围而使仲裁协议无效。企业在确定通过仲裁解决纠纷前：应了解可以通过仲裁解决纠纷的范围；不能与无民事行为人或者限制民事行为能力人订立仲裁协议；应书面约定仲裁，避免以口头方式订立仲裁协议；选择存在的仲裁机构，如仲裁机构不存在，仲裁协议无效；仲裁协议的裁决事项可确定，有的仲裁协议规定，合同执行过程中出现的问题双方应协商解决，协商不成的，可提交某仲裁机构仲裁，如对仲裁裁决不服的，可向人民法院起诉，这种协议因违背了仲裁终局性原则而无效。

避免仲裁协议瑕疵。仲裁协议对仲裁事项没有约定或约定不明确，或者仲裁协议对仲裁委员会没有约定或约定不明确，当事人对此约定瑕疵又达不成补充协议的，仲裁协议无效。

避免仲裁机构选择的随意性。仲裁委员会应由当事人协议选定。仲裁不实行级别管辖和地域管辖，双方确实有意通过仲裁解决纠纷的，可以选择双方都可信赖的第三地仲裁机构。

2. 关于选择仲裁员。在仲裁制度中，根据当事人意思自治的基本原则，当事人享有选择仲裁员的权利，仲裁庭的组成人员由当事人双方在仲裁机构聘任的仲裁员名册中选定。企业在选择仲裁员时一般应遵循以下几个原则：(1) 选择自己信任的仲裁员；(2) 选择熟悉与纠纷相关的专业知识的仲裁员；(3) 当事人尽量选择仲裁机构所在地或就近地区的仲裁员；(4) 避免选择符合法定回避条件的仲裁员；(5) 遵守仲裁员选定的期限。

3. 关于一裁终局及救济途径。一裁终局，即裁决一旦作出，就发生法律效力，并且当事人对仲裁裁决不服是不可以就同一纠纷再向仲裁委员会申请复议或向法院起诉的，仲裁也没有二审、再审等程序。法律规定对仲裁的司法救济方式，主要表现在以下两个方面：一是不予执行，二是撤销仲裁。

三、在强制执行中的法律风险防范

诉讼有风险，执行亦有风险。作为企业，不能忽略在执行中存在的风险。

企业在强制执行中的法律风险包括：（1）企业作为申请执行人向法院申请强制执行已经生效的法律文书后，由于被执行人住址不明、没有履行能力或其他不宜强制执行的客观情况而被法院裁定中止执行或终结执行，因而存在不能实现自身权利的可能性；（2）企业作为被执行人，拒绝履行或不能履行有效的法律文书确定的应负义务，而被法院强制拍卖、变卖、划拨属于企业的资产，甚至被列入失信企业的“黑名单”，拒绝履行情节严重的，责任人还有可能存在被拘留等其他不利措施；（3）企业作为案外第三人，存在财产被错误执行或存在拒绝协助执行义务而导致的法律风险。

1. 关于申请执行人。

申请执行条件。当事人向人民法院申请执行应当符合以下条件：据以申请执行的法律文书已经生效，生效法律文书具有给付内容且执行标的和被执行人明确；申请执行人是生效法律文书确定的权利人或继承人、权利承受人；生效法律文书确定的履行期已经届满，义务人仍未履行的；应当向有管辖权的人民法院提出申请；必须在法律规定的期限内提出申请。

申请执行的主体。申请执行的主体是法律文书确定的权利人。该权利人可能是审判程序中的原告，也可能是被告，还有可能是有独立请求权的第三人。

申请执行的期限。根据《中华人民共和国民事诉讼法》第215条的规定，申请执行的期间为2年。申请执行时效的中止、中断，适用法律有关诉讼时效中止、中断的规定。

2. 关于被申请执行人。

被执行人的权利与义务。作为被执行人，企业在案件执行期间有如下权利和义务：（1）被执行人应在收到人民法院执行通知书后，按指定的履行期限积极履行生效法律文书确定的义务；（2）被执行人应当向人民法院如实申报财产状况，如故意隐匿不报或申报不实，应予以罚款、拘留；（3）被执行人不得隐匿、转移、变卖、损毁已被查封、扣押的财产及证据材料，或者已被清点并责令保管的财产及证据材料，不得转移已被冻结的财产，不得擅自撕毁法院张贴的公告及封条，不得在法院查封、冻结的财产上再设定其他权利，否则将依法追究有关人员的责任；（4）对必须到人民法院接受询问的被执行人或被执行人的法定代表人或负责人，经两次传票传唤，无正当理由拒不到场的，人民法院可以对其进行拘传；（5）在人民法院依法采取查封、扣押、搜查等措施的过程中，被执行人应配合法院执行，不得有妨害司法工作人员执行公务的行为；（6）人民法院采取强制执行措施后，如有其他法院或有关职能机构又要求查封财产的，被执行人应当主动出示法院民事裁定书、查封或扣押清单等查封手续；（7）在执行过程中，被执行人可以与申请执行人协商一致，签订执行和解协议；（8）被执行人不服人民法院据以执行的生效法律文书而提起申诉，或该案被审判监督程序已经提审或再审的，被执行人可向人民法院告知情况，但被执行人对生效法律文书申请再审不影响该法律文书的执行，在上级法院或本院作出中止执行裁定书之前，不得以此拒绝履行法定义务或对抗法院执行。

四、关于送达地址的特别提示

最高人民法院于2016年9月13日颁布的《最高人民法院关于进一步推进案件繁简分流优化司法资源配置的若干意见》第3条规定：“当事人在纠纷发生之前约定送达地址的，人民法院可以将该地址作为送达诉讼文书的确认地址”。根据上述规定，企业可以在签订合同时或事后达成的有关债权、债务结算清理条款中以及诉前达成的解决纠纷的协议中，约定发生诉讼后人民法院的送达地址，人民法院可以将该地址作为确认的诉讼文书送达地址。

［典型案例］

广东高院发布服务保障民营企业健康发展典型案例（节录）

炬某公司诉石化某公司损害赔偿纠纷案
——平等保护民营企业

【基本案情】

中山市炬某公司系个人控股企业，于2003年取得中山市火炬开发区一块面积为1.7万多平方米工业用地的使用权，2005年，该土地用途由工业用地变更为商住用地。然而，珠江三角洲成品油管道工程项目从2004年开始筹备建设，2005年年初，临时报建手续获批，2006年，石化某公司（国有企业）完成石化输油管道建设并投入使用，部分油管铺设于炬某公司土地内。2015年1月28日，涉案土地被中山市政府规划变更为公园绿地、道路用地。炬某公司在2015年10月及2017年1月先后两次向石化某公司发函，称其擅自在炬某公司红线范围内施工穿插油管，严重影响炬某公司开发、利用该土地。因双方未能协商一致形成解决方案，炬某公司遂起诉至人民法院，要求对方赔偿土地占用费。

【裁判结果】

中山市中级人民法院生效裁判认为，土地使用权规划变更，不涉及权属变更，炬某公司对涉案土地享有建设用地使用权。石化某公司建设的油管虽经政府有关部门立项、批准，但这仅能证明其在公法上的合法性和无过错性，其未经权利人炬某公司同意而擅自穿越涉案土地铺设管道，主观上具有过错，其行为具有私法上的违法性，构成侵权。2019 年 3 月，依法判决石化某公司赔偿炬某公司既有损失 101 万元，自 2018 年 4 月 1 日至涉案管道迁出之日前，按每年 8.2 万元的标准赔偿炬某公司损失。

【典型意义】

服务保障民营企业健康发展，关键在于落实平等保护原则。国有企业业务公益性、垄断性等特点，决定了国有企业在与民营企业的交往过程中享有一定的优势地位。该案中，石化某公司作为国有企业，其铺设石油管道固然具有公共利益性质，但其并未申请政府启动收回土地程序，也未给予炬某公司相应补偿，人民法院依法认定其擅自穿越炬某公司土地的行为构成侵权并应赔偿损失，充分彰显了平等保护的司法理念。

汇某公司等诉余某合同纠纷系列案

——引导民营资本有序运作

【基本案情】

2011 年，汇某公司及其他投资者与新某光电公司及股东余某、黄某晶共同签订《投资协议书》《投资协议书——补充协议》。合同签订后，汇某公司以 245 万元受让余某持有的部分股权，并安排三家关联企业向新某光电公司增资共计 2800 万元。增资后，汇某公司及关联企业共计持有新某光电公司 7.45%股权。因新某光电公司业绩未达承诺，相关当事人先后签署《撤资协议书》《股权调整协议书》《还款承诺书》。根据《还款承诺书》，余某应以约定价格回购汇某公司及其关联企业持有的新某光电公司股权。后因余某仍未履行相关义务，汇某公司等遂诉至法院，请求余某支付回购款回购其持有的新某光电公司股权。

【裁判结果】

深圳市罗湖区人民法院一审认为，案涉《投资协议书》《投资协议书——

补充协议》《撤资协议书》《股权调整协议书》《还款承诺书》均系相关当事人真实意思表示，其内容不违反法律和行政法规的强制性规定，合法有效。合同履行过程中，相关当事人先后签署《撤资协议书》《股权调整协议书》《还款承诺书》，就汇某公司及其关联企业退出新某光电公司投资事宜作出安排，其中《撤资协议书》《股权调整协议书》并未实际履行，应以最后签订合同文件《还款承诺书》作为确定相关各方权利义务的依据。2017 年 7 月，依法判决余某以约定价格回购汇某公司及其关联企业持有的新某光电公司股权。该系列案宣判后，各方当事人均未上诉，相关判决已生效。

【典型意义】

中小企业间出于融资需要订立投、融资合同，是资本运作的一种方式。投资人将资金以股权投资的方式投入目标公司，并约定在一定期限届满或者一定条件下收回投资本金和获得固定的利益回报，可称其为“带回购条款的股权性融资”。该类纠纷案件的依法审理，将对企业的资本运作产生正确的导向作用。该案中，人民法院对当事人签订的投融资及回购条款准确定性，对其合法性予以承认，依法判令当事人依约履行合同义务，对民营企业开展投、融资业务具有促进作用，有利于引导企业资本运作依法有序进行。

大某达公司诉某邦公司侵害发明专利权纠纷案

——优化创新创业环境

【基本案情】

大某达公司系“印刷布线板用屏蔽膜以及印刷布线板”专利权人。某邦公司是一家主营计算机、通信设备的民营企业，制造、销售、许诺销售了 8 款屏蔽膜产品。大某达公司向人民法院请求判令某邦公司销毁生产设备和模具，销毁库存，并赔偿经济损失和合理开支共 9272 万元。两个企业争议的焦点是某邦公司生产的 8 款手机屏蔽膜产品是否侵犯了大某达公司享有的专利。

【裁判结果】

广州知识产权法院认为，在确定涉案发明专利权的保护范围时，关键在于对屏蔽膜第一金属层的波纹结构应如何解释。法院在对权利要求进行解释时，除了应当运用说明书、附图及其他相关权利要求以外，还应当结合专利审查档案进行解释。鉴定人在对波纹结构进行理解时，由于缺少了专利审查档案，对于波纹结构与连续的凹凸形结构的区分存在偏差。因此判决驳回大某达公司的全部诉讼请求。广东省高级人民法院认为，被诉侵权产品既有可能系因为绝缘层表面不平而自然导致呈现起伏形状，亦存在涉案专利所明确排除的大致平坦形或曲率突变的情形，因此不具备涉案专利“以波纹结构的方式形成”特征，维持了原判。

【典型意义】

本案两家企业系电磁屏蔽膜行业两大竞争对手，在中国市场份额排名分别位列第一和第三。争议技术系该行业核心技术，案件审理结果会给相关行业市场竞争格局带来深远影响。人民法院通过证据保全、传唤鉴定人、咨询技术调查官以及技术顾问等程序和方式，依法平等保护双方诉讼权利，查明相关争议事实，并根据专利权利解释规则和行业常识，对争议专利权利要求作出合理限定和正确解释，为社会公众提供明确的法律预期，充分保障了社会公众在专利权保护范围之外的技术运用，以及后续技术创新的合理空间。

某米公司诉武汉某光公司等不正当竞争纠纷案

——强化新型财产权益保护

【基本案情】

2015 年 11 月至 2016 年 5 月期间，武汉某光公司为提高该公司智能公交软件“车来了”App 的用户量及信息查询准确度，指使员工利用网络爬虫技术获取深圳某米公司公交信息查询软件“酷米客”App 的实时公交信息数据，将数据用于“车来了”App 软件并对外提供给公众查询。某米公司以某光公司的上述行为违背公认的商业道德和诚实信用原则，构成不正当竞争为由诉至法院。

【裁判结果】

深圳市中级人民法院认为，存储于权利人 App 后台服务器的公交实时类信息数据，因具有实用性并能够为权利人带来现实或潜在、当下或将来的经济利益，已经具备无形财产的属性，属于受反不正当竞争法保护的法益。某米公司和某光公司在提供实时公交查询服务软件的服务领域存在竞争关系。某光公司利用网络爬虫技术大量获取并且无偿使用某米公司“酷米客”软件的实时公交信息数据的行为，具有非法占有他人无形财产权益，破坏他人市场竞争优势，并为自己谋取竞争优势的主观故意，违反了诚实信用原则，扰乱竞争秩序，构成不正当竞争行为。2018 年 5 月，依法判决某光公司赔偿某米公司经济损失及合理维权费用 50 万元。

【典型意义】

在“大数据”时代背景下，信息所具有的价值超越以往任何时期，诸多市场主体投入巨资收集、整理和挖掘信息，若不加节制地允许市场主体任意使用或利用他人通过巨大投入所获取的数据信息，将不利于鼓励商业投入、产业创新和诚信经营，最终势必损害健康的市场竞争机制。该案通过精准界定正当与不正当使用信息，实现反不正当竞争法维护自由竞争和公平市场秩序的立法目的，保护了民营企业的新型财产权益，树立了对行业的正向激励导向。

龙基公司破产重整案

——促进民营企业涅槃重生

【基本案情】

龙基公司成立于 2002 年，持有《成品油批发经营批准证书》《成品油仓储经营批准证书》等资质证书，拥有石油化工库一座及配套 3000 吨级专用码头，是一家集成品油、化工品批发经营和仓储经营于一体的能源销售企业。受 2014 年国际石油危机的影响，该公司深陷经营困境，资金链断裂，对外累计拖欠债务高达 5.23 亿元。2016 年 11 月，债权人以龙基公司不能清偿到期债务，且资产不足以清偿全部债务为由向珠海市斗门区法院申请破产清算。同年 12 月，珠海市斗门区法院裁定受理龙基公司破产清算案。经调查和评估，龙基公司作为一家大型民营油企，直接破产清算会引发一系列社会问题，且该公司具有不可或缺的资质证照、人才技术、经验规模等优势，有再生价值和再生可能。2017 年 5 月，依债务人龙基公司的申请，珠海市斗门区法院裁定该案进入重整程序。

【破产重整情况】

在重整工作中，珠海市斗门区法院充分发挥府院联动效应，积极协调安监、环保、消防、港务等多部门，实现安全监管与破而不停两不误、员工不失业；以司法理念引导市场主体庭外谈判，平衡保护各方当事人的利益；创设主席竞聘上岗机制提高债权人参与重整谈判的积极性；创设双轨推荐制度，以债权人引荐和债务人推荐的投资人参与投资框架协议制定的形式，确保最终签约的投资人具备重整能力；慎用强制裁定，充分释法明理并指导管理人积极作为。2019 年 1 月，第七次债权人会议表决通过了重整计划草案。同年 1 月，珠海市斗门区法院裁定批准龙基公司重整计划，终止龙基公司重整程序。

【典型意义】

该案是人民法院在坚持保障民营经济发展理念下，以市场化、法治化的方式帮助陷入危机的民营企业恢复生机的典型案例。对于暂时经营困难但具有发展潜力和经营价值的企业，人民法院应充分发挥破产重整程序特殊功能，优化资金、技术、人才等生产要素配置，保障民营企业恢复正常运营，拓展民营经济市场空间。该案的成功办理，有效保护了民营企业的运营价值，成功化解债务 5. 23 亿元，安置职工百余人，对于人民法院开展特殊监管高危行业破产审判工作亦起到积极示范作用。

安徽法院2018年消费者权益司法保护典型案例（节录）

芜湖长信公司与国寿财芜湖支公司保险合同纠纷案

——保险公司未及时依照保险合同履行赔付义务，给投保人造成损失的，应予赔偿

【基本案情】

2013年4月1日，芜湖长信公司就其部分生产设备和厂房向国寿财芜湖支公司投保了综合险。2014年3月26日，芜湖长信公司发生火灾。火灾事故认定书认定：系电气线路故障产生电火花，引燃维修车间内纸质报表等可燃物。2014年4月24日，芜湖长信公司向国寿财芜湖支公司提出索赔。2014年10月23日国寿财芜湖支公司的上级主管机构安徽省分公司向芜湖长信公司发送邮件，确认芜湖长信公司的损失在1200万元以上，但未能先行予以赔付。大陆公估公司作出《公估报告》载明，受损设备制造商表示“除旋转腔体可以修复以外，其他均需重新制作，并且修复费用很高”，设备制造商的售后工程师建议更换新设备，并核定此次事故造成的损失为1661万元，残值为23.87276万元。各方对维修方式未能达成一致，以致成讼。经鉴定，芜湖长信公司的相关设备按市场重置价格确定，损失为47665469元（含施救费用136200元）；停产停业损失为月平均利润1290748.06元（自2013年1月至2014年3月）。鉴定费共计128万元。因保险理赔问题，芜湖长信公司起诉要求国寿财芜湖支公司支付保险金53506326.86元，并赔偿其因未能及时支付保险金而导致的利息损失，以及施救费用和因怠于理赔造成的经济损失。

【裁判结果】

芜湖市中级人民法院审理认为，综合查明的事实以及《司法鉴定意见书》的鉴定意见，本案受损设备无法修复且无修复必要，不宜采取实际修复方式进行理赔，对芜湖长信公司请求货币赔偿的主张予以支持。对芜湖长信公司的保险理赔申请，国寿财芜湖支公司应按照合同约定，自2014年4月24日起60日内对可以确定的金额予以赔付。因停产造成的损失和保险金的利息损失属于重复主张，故酌情支持其利息损失的诉请。遂判决：国寿财芜湖支公司向芜湖长信公司支付保险金47665469元，并自2014年7月4日起按照年利率6%支付迟延赔付利息损失，驳回芜湖长信公司的其他诉讼请求。双方均提出上诉。安徽省高级人民法院二审认为，本案迟延赔付保险金并不能完全归责于一方当事人，从公平性角度考量，国寿财芜湖支公司在履行保险金赔付义务期间，占用了应当赔付给芜湖长信公司的保险金，故应按银行同期存款利率标准支付芜湖长信公司相应的利息。故改判国寿财芜湖支公司向芜湖长信公司支付保险金47665469元（含施救费用136200元），并自2014年7月4日起按照中国人民银行公布的同期银行存款利率标准支付迟延赔付利息损失。

纪某与建行绩溪支行储蓄存款合同纠纷案

——银行在第三方支付机构网络支付时未验证和甄别客户身份，致储户资金受损的，应承担赔偿责任

【基本案情】

2014年5月14日，纪某在建行绩溪支行办理银行卡一张，并填写《个人开户与电子银行服务申请表》，开通网上银行、手机银行、短信通业务。2017年2月11日，纪某收到一条含有链接内容的短信。纪某随即点击链接，并安装激活、下载。2月20日，纪某使用该卡转账时显示余额不足，查询该卡交易明细发现，该卡于2017年2月11日在（特约）中金金融消费4笔共计17500元。建行绩溪支行系统显示，上述17500元消费发生时，向纪某发送了手机短信进行通知。纪某否认收到短信通知。后纪某报警，当地公安局予以立案侦查。纪某起诉要求建行绩溪支行偿还其被盗存款17500元并承担利息损失。

【裁判结果】

绩溪县人民法院审理认为，纪某在建行绩溪支行办理了储蓄卡，双方即建立了储蓄合同关系，双方均应按照合同的约定履行义务或行使权利。按照中国银监会、中国人民银行《关于加强商业银行与第三方支付机构合作业务管理的通知》第三条、第四条的规定，银行在客户所持银行卡与第三方支付机构建立关联业务时，应通过双（多）因素认证，以避免或减少客户风险。本案中，建行绩溪支行未举证证明纪某涉案存款在（特约）中金金融的4笔消费为纪某个人行为，根据储蓄合同的性质，建行绩溪支行负有保障储户纪某资金安全，以及通过第三方支付机构网络支付时验证及甄别客户身份的义务，故建行绩溪支行对纪某存款的丢失存在过错。同时，纪某自认收到并点击所附不明网址链接的短信，后其存款丢失，纪某对自身损失的发生亦存在过失。再者，针对网上支付交易业务而言，银行作为经营者对自己支付环境的信息化水平和网络监控设备的性能及安全情况都比储户有更多了解，也具有更加强大的力量和更为专业的知识，更能预见可能发生的危险和损害，更有可能采取必要的措施防止危险的发生，因此银行应当保证其系统设备的安全适用，保障储户信息、密码等信息数据的安全，如无法从技术上充分保护储户的存款安全，则银行应当对这种特殊的交易风险承担责任。因此，认定建行绩溪支行对纪某的损失应承担主要赔偿责任。判决：建行绩溪支行赔偿纪某损失14000元及利息；驳回纪某的其他诉讼请求。

杨某与农行昱城支行储蓄存款合同纠纷案

——银行工作人员违规操作致客户存款发生损失的，银行应承担返还义务

【基本案情】

2015年2月1日，杨某、詹某至农行昱城支行前园路分理处办理存款业务，期间杨某将个人身份证交分理处大堂经理汪某，由汪某具体办理申请手续后，农行昱城支行前园路分理处为杨某开立个人结算账户，同时存入现金1元激活账户，支取方式为凭密码。之后杨某、詹某分别通过转存方式将40万元、

20 万元、10 万元、20 万元存入农行昱城支行前园分理处，农行昱城支行前园分理处均出具无折存款回单。上述四笔款项存入三个月后，汪某分别在四张无折存款回单右侧手写标注“续存三个月”。2015 年 2 月至 3 月，杨某该账户内存款分五次被取出，并被转入案外人账户。2018 年 6 月，汪某因犯集资诈骗罪被黄山市中级人民法院判处有期徒刑 13 年。杨某与詹某系夫妻关系，杨某与汪某口头约定月息 2%，并自 2015 年 3 月至 2015 年 5 月期间收取利息 8.4 万元，其中 5 万元系无折存款回单的利息并同意在无折存款回单的 90 万元中抵扣。汪某陈述，办存折主要为了无折存款回单，杨某只认回单，不用打借条；案涉 90 万元包含在刑事案件范围内。后杨某提起本案诉讼，诉请农行昱城支行支付存款 90 万元及利息，并支付相关律师费。

【裁判结果】

黄山市屯溪区人民法院一审审理认为，虽然杨某是在汪某诱骗其存款有高息回报的情形下将案涉款项存入银行，但杨某持有的四张无折存款回单载明的各要素均符合中国农业银行存款业务流程规定，且农行昱城支行对杨某存入 90 万元存款的事实不持异议，杨某与农行昱城支行之间的合同关系从银行接受杨某的存款并交付无折存款回单之时起即告成立。汪某非法占有案涉款项构成犯罪并不影响杨某与农行昱城支行之间储蓄存款合同的合法有效，杨某起诉的 90 万元存款与刑事判决认定的 90 万元虽有关联，但不是同一事实。本案中，汪某作为农行昱城支行前园路分理处大堂经理，违反中国农业银行业务流程规定，违规为杨某办理开户手续及存款等业务，并编造高息理财或内部贷款过桥业务的谎言，诱使杨某将案涉款项存入农行昱城支行，利用工作便利非法占有案涉款项，导致案涉款项损失。同时，农行昱城支行前园路分理处工作人员在杨某本人在场情形下，准予汪某为客户代办开户和存款等业务，而不予制止，隐瞒客户进行违规操作。以上事实证明农行昱城支行没有尽到严格内部管理义务，致使内部管理出现漏洞，工作人员操作严重违规，没有尽到最大的注意义务和风险提示义务，农行昱城支行应对造成的案涉存款损失承担主要责任，即 90%。杨某作为完全民事行为能力的自然人，在存款过程中没有尽到与其自身预期获得收益业务相应的、合理的、谨慎的注意义务，应承担次要责任，即 10%。案涉存款利息，应按汪某未支付利息之日起计付，计付利息的存款基数按各自责任确定。至于律师费，由于双方未进行约定，不予支持。综上判决：农行昱城支行给付杨某 765000 元存款并支付相应利息，驳回杨某其他诉讼请求。双方均提起上诉，黄山市中级人民法院二审判决驳回上诉，维持原判。

赵某与曹某、美心烟花公司、中华保险临澧支公司产品责任纠纷案

——因产品存在缺陷致人损害的，受害人可以向产品的生产者请求赔偿，也可以向销售者请求赔偿

【基本案情】

2016 年 2 月 6 日，赵某在与其家人上坟期间，连续点燃两个由赵某叔叔在秋实便利店购买的“竹报平安”25 发花炮，其中第二个花炮在升空时半途发生爆炸，将赵某的双眼炸伤。经抢救、治疗，赵某双眼眼球破裂（爆炸伤）、双眼眼睑裂伤、双眼前房积血、双眼晶状体损伤。后赵某到多家医院治疗，均未痊愈。涉案致赵某受伤的花炮外包装载明系美心烟花公司生产，且该产品在中华保险临澧支公司投保了产品责任险。赵某就其损失索赔无果，起诉要求秋实便利店、美心烟花公司赔偿各项费用 843357.48 元，中华保险临澧支公司在保险责任范围内承担赔偿责任。经鉴定，赵某因外伤致双眼损伤遗留双眼盲目 4 级的后遗症，构成人体损伤三级伤残，误工期、护理期从受伤之日起至定残前一日，营养期为 60 日。案涉烟花自 2014 年起在中华保险临澧支公司两次投保了产品责任险，保险期间分别为 2014 年 6 月 7 日至 2015 年 6 月 6 日以及 2016 年 3 月 15 日至 2017 年 3 月 14 日，本案事故并非发生于上述保险期间内。秋实便利店已注销，原经营者为曹某。

【裁判结果】

根据法律规定，因产品存在缺陷造成损害的，被侵权人可以向产品的生产者请求赔偿，也可以向产品的销售者请求赔偿。属于产品生产者的责任，产品销售者赔偿的，产品的销售者有权向产品的生产者追偿；属于产品的销售者的责任，产品的生产者赔偿的，有权向产品的销售者追偿。秋实便利店与美心烟花公司作为涉案烟花的销售者和生产者，依法应对赵某的合理损失共同承担赔

偿责任，承担了赔偿责任的一方如有证据证明其不应当承担责任的，可以向另一方追偿。因涉案事故的发生不在中华保险临澧支公司承保的产品责任保险期间内，故中华保险临澧支公司对赵某的损失不承担赔偿责任。鉴于赵某在燃放烟花过程中未尽到必要的安全注意义务，其本人应当对伤害后果承担一定责任，酌定为10%。经认定，赵某的合理损失合计712651.48元，超出该部分的诉请无事实和法律依据。遂判决：秋实便利店、美心烟花公司赔偿赵某641386元，驳回赵某其他诉讼请求。秋实便利店、美心烟花公司不服，提出上诉。芜湖市中级人民法院二审认为，一审判决美心烟花公司和秋实便利店共同承担赔偿责任并无不妥，但因秋实便利店已注销，本案诉讼主体变更为原经营者曹某，故改判由曹某、美心烟花公司赔付赵某各项赔偿款641386元。

方某等4人与立马车业公司、立马制造公司产品生产者责任纠纷案

——电动车充电过程中起火造成损害的，消费者有权要求电动车生产者赔偿损失；消费者未能妥善保管、使用电动车的，可减轻生产者的责任

【基本案情】

2013年10月，方某租赁他人简易房，从事洗车业务。2017年2月2日晚，方某父亲方某1带其孙子方某2同去洗车房住宿。方某1将其驾驶的立马牌电动车在店铺内充电。当晚23时许，洗车房起火燃烧，致洗车房房顶整体垮塌，金属梁柱过火后变形扭曲，方某1、方某2被烧死亡。经调查认定，起火原因为电瓶车电气线路短路引起，火灾造成2人死亡、直接财产损失17783元。诉讼中，立马车业公司申请对涉案电动车充电器在充电时线路短路是否属于在产品投入流通时就存在质量缺陷进行鉴定，但因涉案充电器已经烧毁，鉴定机构表示无法做质量缺陷鉴定。

【裁判结果】

霍邱县人民法院一审审理认为，案涉立马电动车系立马车业公司、立马制

造公司生产，该电动车在充电过程中起火导致消费者的家庭人员伤亡、财产受损。立马车业公司、立马制造公司作为生产者，应依法承担赔偿责任。因受害人在电动车充电过程中没有看管，且在使用中不注意车辆的维护，自身存在一定过错，故可酌情减轻立马车业公司、立马制造公司的赔偿责任，确定立马车业公司、立马制造公司承担60%的连带赔偿责任。经核定，方某等人合计损失279114.5元，另精神损害抚慰金30000元。判决：立马车业、立马制造公司连带赔偿方某等4人损失167468.7元、精神损害抚慰金3万元，合计197468.7元，驳回其他诉讼请求。立马车业公司、立马制造公司不服，提出上诉。六安市中级人民法院二审驳回上诉，维持原判。

黄某诉翌芙莱化妆品专卖店产品责任纠纷案

——经营者销售无标识产品的，系欺诈行为，需承担惩罚性赔偿责任

【基本案情】

2015年8月29日，黄某与翌芙莱化妆品专卖店经营者张某签订协议，接受翌芙莱化妆品专卖店为其提供祛斑美容服务，并为此支付服务费4000元。翌芙莱化妆品专卖店承诺：通过美容祛斑，黄某面部存在的黄褐斑等瑕疵可达到98%及以上的祛除。但经过一段时间"治疗"，并未达到预期祛斑效果，同时黄某还反复产生严重不良反应，面部发红、发紫、出现水泡。黄某质疑，翌芙莱化妆品专卖店即让其暂停使用产品，自行修复一段时间，大约两三个月症状消除，翌芙莱化妆品专卖店又继续为其"治疗"。如此重复了4次。2016年10月，翌芙莱化妆品专卖店经营者张某向黄某出具《保证书》，承诺："在2个月左右，让脸排毒到自然状态，若不满意，全额退还治疗费，在本店免费治疗。若是一品莲祛斑水导致皮肤受损，本店负责。"2017年2月23日，黄某前往医院治疗，经诊断，黄某面部为"瑞尔黑病变"。2017年2月27日，黄某申请伤残鉴定，结论为：被鉴定人黄某符合《人体损伤致残程度分级》标准六级伤残。翌芙莱化妆品专卖店在为黄某"治疗"期间，使用的产品主要是"一品莲祛斑液"和"一品莲保养液"。"一品莲保养液"为25ml装的瓶装液体，包装瓶瓶身，仅标注了"一品莲保养液"和"本品不对外销售"等字

样，再无其他标识。黄某提起本案诉讼，要求翌芙莱化妆品专卖店返还三倍价款并赔付损失。本案庭审过程中，双方均未出示“一品莲保养液”的实物及照片。

【裁判结果】

六安市裕安区人民法院一审审理认为，翌芙莱化妆品专卖店在为黄某“治疗”期间，使用的产品主要是“一品莲祛斑液”和“一品莲保养液”。“一品莲保养液”的包装标识存在明显的瑕疵，产品质量是否合格有待进一步证明，但翌芙莱化妆品专卖店并未就此予以举证说明，故翌芙莱化妆品专卖店销售的“一品莲保养液”应为不合格产品。翌芙莱化妆品专卖店作为专门从事化妆品销售和美容服务的企业，明知产品不合格而销售，存在欺诈行为，故对黄某要求三倍服务对价的诉请，予以支持。根据查明的事实，黄某的损害与使用和接受翌芙莱化妆品专卖店销售的产品和美容服务存在因果关系，根据《最高人民法院关于审理食品药品纠纷案件适用法律若干问题的规定》第五条第二款的规定，对黄某要求翌芙莱化妆品专卖店赔偿其由此造成的人身伤害损失的诉请，予以支持。遂判决：翌芙莱化妆品专卖店赔偿黄某购买化妆品、接受美容服务对价的三倍12000元，残疾赔偿金等损失317860元，合计329860元；驳回黄某其他诉讼请求。翌芙莱化妆品专卖店提出上诉，六安市中级人民法院二审判决驳回上诉，维持原判。

郭某与芜湖环通旅行社、人保财险合肥分公司旅游合同纠纷案

——提供旅游服务时未充分履行告知、提醒义务，以及未采取有效安全防范措施的，旅行社应当承担违约责任；游客未充分注意自身安全的，应承担相应责任

【基本案情】

2017年1月25日，郭某与芜湖环通旅行社签订《团队境内旅游合同》一份，约定：芜湖环通旅行社提供全程包费服务，包括食宿、交通、门票及保

险，旅游时间共五天，旅游目的地为哈尔滨，旅游费为5500元，郭某已付清旅游费。2017年2月1日，郭某随团在参加旅游合同确定的旅游项目之一亚布力滑雪时不慎摔倒受伤，被送往哈尔滨医科大学附属第一医院住院救治16天，花费治疗费59552.87元。经鉴定：郭某右下肢损伤，伤残程度评定为十级；二次手术费用评估约需10000元，误工期300日，护理期120日，营养期90日，二次手术取内固定物时，酌情给予误工期30日，护理期15日，营养期15日。郭某月实发工资为5000元。2017年1月6日，芜湖环通旅行社在人保财险合肥分公司处购买了《旅行社责任保险》，约定：每次事故每人人身伤亡责任限额100万元。就此次事故造成的各项损失，郭某提起诉讼，要求芜湖环通旅行社赔偿其213728.37元，人保财险合肥分公司在保险范围内承担赔偿责任，并保留后续治疗费用的请求权。

【裁判结果】

繁昌县人民法院一审审理认为，郭某参加芜湖环通旅行社组团旅游活动，并交付了旅游费用，双方之间存在旅游服务合同关系。芜湖环通旅行社在其提供的服务过程中，负有保障旅游者人身和财产安全的义务。郭某随团在参加亚布力滑雪时，不慎摔倒受伤，该滑雪项目为旅游合同确定的旅游项目，芜湖环通旅行社在提供旅游服务时，应当负有告知、提醒游客注意的义务，并采取安全防范措施，而芜湖环通旅行社未充分履行上述义务，其提供的服务存在瑕疵，属不当履行，显然违反合同义务，应当承担违约责任，郭某在滑雪时亦未充分考虑到安全因素，本身具有一定过错，综合全案考量，确定：郭某承担20%责任，芜湖环通旅行社承担80%责任。郭某受伤而产生的各项损失共计162951.37元。由于郭某提起的诉讼是违约之诉，不是侵权之诉，故对其主张的精神损害抚慰金不予支持。芜湖环通旅行社在人保财险合肥分公司处投保了旅行社责任保险，该起事故发生在保险期间内，赔偿费用亦在保险赔偿限额内，故芜湖环通旅行社承担的赔偿款项，应由人保财险合肥分公司在保险范围内承担。遂判决：人保财险合肥分公司给付郭某赔偿款130361.1元，驳回郭某其他诉讼请求。郭某不服，提出上诉。芜湖市中级人民法院二审判决驳回上诉，维持原判。

上海一中院、上海浦东法院联合发布自贸区司法保障十大典型案例

案例一　沈某诉K公司、唐某等公司解散纠纷案

【基本案情】

K公司成立于2014年7月25日，沈某、张某、唐某均为K公司的股东，分别持有K公司30%、30%和40%的股权。法定代表人、董事长为唐某，沈某、张某为董事。2016年3月11日，K公司作出董事会决议，免除唐某董事长职务，任命沈某为董事长兼副总经理。同年3月13日，沈某、张某出具《授权书》委托第三方对K公司的电脑等财物及财务资料、公司各类账簿进行保全管理。3月14日，唐某报警称公司物品被盗。4月26日，唐某向法院提起公司决议撤销之诉，请求撤销K公司董事会于2016年3月11日作出的有关董事长任免的决议，后法院判决撤销该决议。

2018年，沈某起诉至法院请求解散K公司，其认为，K公司已无实际经营场所且已无法正常经营，也一直未能召开股东会，董事间分歧较大。且因其持股比例未达到章程的要求，无法通过股东会决议的方式解散公司。张某同意沈某的诉请。K公司、唐某则辩称，K公司目前虽无法正常经营，但尚存在盈利可能，K公司尚有被盗案件正处于刑事侦查中，且导致K公司目前困境的原因在于沈某意图成为董事长，故K公司、唐某均不同意解散K公司。

【裁判结果】

上海一中院认为，一、沈某持有K公司30%股权，符合股东提起公司解

散诉讼时应满足的持股比例条件。二、K公司股东暨董事之间存在严重冲突，矛盾难以调和。其一，K公司于2014年成立后两年，股东和董事之间已发生管理权的争夺。沈某及张某欲通过形成董事会决议的方式撤销唐某的董事长职务，唐某则通过诉讼撤销了上述董事会决议。其二，对于公司资产保管，股东之间亦存在重大分歧。沈某、张某将公司财产进行保管、封存，而唐某则报案称公司财产失窃。其三，各方当事人均认可，K公司已无实际经营场所且已无法正常经营。沈某、张某对于扭转K公司目前经营状况持消极态度，唐某、K公司亦未提出有效解决途径。K公司的人合性基础已经丧失。三、K公司内部管理的权力运行机制已发生障碍，已持续两年以上不能形成有效的股东会决议、董事会决议，其内部运行机制已经失效，影响了K公司的正常经营。

K公司已无法经营，且无实际经营场所。K公司股东之间互不信任，丧失公司人合性。股东会、董事会等内部运行机制失灵，无法就公司经营管理进行决策。K公司亦无法通过公司自身救济机制摆脱公司僵局。公司僵局的持续将会导致股东利益遭受更大的损失。因此，可以认定K公司的经营管理已经发生了严重困难，符合司法解散的条件。上海一中院判决解散K公司。

【典型意义】

自贸区成立以后，因其优越的政策吸引了大量公司在自贸区注册成立，对自贸区的繁荣发展起到了重要作用。但公司尤其是封闭公司具有人合性的特征，其能否成为带动市场经济不断发展前行的活跃主体，很大程度上取决于公司股东、管理层之间的协调配合。《公司法》第一百八十二条以及《最高人民法院关于适用〈中华人民共和国公司法〉若干问题的规定（二）》对公司司法解散设置了严格的条件，其立法本意即在于维护公司的稳定运营，避免滥用司法解散干预市场主体的稳定、自由发展。但是，在遇到公司经营发生严重问题，股东会等公司内部运行机制失灵，公司已经丧失人合性基础时，法律亦允许当事人运用司法解散的方式来解决公司困境。法院在审理此类案件时，应当通过严格的事实和法律衡量，在将法律规定的条件与事实情况进行逐一对比之后，审慎作出是否支持公司解散的判决。本案在正确适用司法解散解决公司运营纠纷，保障公司、股东以及债权人等各方主体的利益，有效化解公司僵局等方面起到了示范作用。妥善适用司法解散公司的相关规定，实现市场主体的良性更替，有利于构建充满活力的自贸区营商环境，也有助于促进自贸区经济的健康可持续发展，加快法治化营商环境的建设进程。

案例二　X公司诉马某、P公司损害公司利益责任纠纷案

【基本案情】

2007年7月18日，X公司与马某签订一份《合作协议》，约定：X公司在伊朗设立代表处，马某为该代表处的总代表、经理。但马某并非X公司股东、董事、监事。

2007年9月至11月，经X公司协调，促成S公司与伊朗OEOC公司签署设备销售合同。同时依照约定，S公司应支付X公司一定数额的佣金。2008年1月28日，X公司向马某发出《终止、解除劳动合同通知书》，马某不再担任X公司驻伊朗代表处的总代表。同年4月5日，S公司与伊朗OEOC公司的设备销售合同解除。5月10日，马某与案外人Z公司签订《代理协议书》，约定：为便于Z公司在伊朗获得相应订单，委托马某为Z公司代理。5月11日，伊朗OEOC公司与Z公司签订设备销售合同，合同的格式、条款设置及设备型号、数量、价格等内容与S公司和伊朗OEOC公司的合同基本相同。8月7日，P公司登记设立，股东为马某。Z公司与P公司、马某签订《补充协议书》，约定：5月《代理协议书》中，马某项下的全部权利义务转移至P公司。后Z公司共向P公司支付1450万元，其中Z公司部分付款的审批单中注明“支付OEOC项目代理费用”。

2012年，在X公司与S公司的合同纠纷仲裁案中，仲裁委员会裁定S公司向X公司支付130余万欧元的佣金。2016年，在关联案件中，法院生效判决认定Z公司存在利用与时任X公司雇员马某联络的行为，侵害了X公司的商业秘密，并判决赔偿X公司2000余万元。2017年，X公司诉至法院，请求判令马某、P公司所得收入1450万元归X公司所有。X公司认为前述P公司收到的1450万元是基于马某在任职X公司期间违反其忠诚义务，导致S公司与伊朗OEOC公司的设备销售合作失败另促成伊朗OEOC公司与Z公司达成合作所得。马某、P公司辩称，马某与X公司是平等的合作关系。马某仅是X公司驻伊朗代表处的总代表，不是X公司高管，对X公司没有管理职权。《合作协议》解除后，马某为Z公司提供劳务收取报酬，合理合法，故不同意X公

司的诉讼请求。

【裁判结果】

一审法院认为，一、马某不属于X公司的高级管理人员。基于《公司法》或公司章程，马某的职务并非X公司高级管理人员。而且基于《合作协议》，马某只是X公司派出机构的负责人，不具有X公司高级管理人员的职位，也未行使过X公司高级管理人员的职权。故马某不属于法律和公司章程规定的公司高级管理人员，也不属于法律规定的权利义务主体。二、X公司主张归入权不具有合理性。相关案件已经执行完毕，款项全部执行到位。若X公司主张对于1450万元行使归入权，将会导致其获得远远超过因合同履行而获得的预期利益。故一审法院判决驳回X公司诉讼请求。X公司不服，认为马某实际履行了经理职权，具备公司高级管理人员的资格，故提起上诉。

上海一中院认为，马某依法不能被界定为X公司高级管理人员，亦非公司归入权的义务人。一、马某与X公司之间没有正式的劳动合同关系，X公司出具的《终止、解除劳动合同书》《解除劳动合同证明》均没有基础事实，仅用于解除马某驻伊朗代表处总代表、经理的职务。二、依据《合作协议》，马某的职权范围明确限定于负责、执行伊朗代表处的工作事务，同时依约收取项目的效益佣金和业务提成，对X公司的整体经营管理不享有任何职权，故马某只是作为X公司雇佣的一个驻外机构及特定项目的执行负责人。三、关于马某是否实际行使了X公司高级管理人员的职权，X公司应当承担必要的举证责任。就X公司举证的马某任职期间的所作所为，包括参与伊朗项目的联络、洽谈、签约等活动，均未超出马某作为X公司驻伊朗代表处总代表、经理的职责范围。伊朗项目是否为公司的核心业务，属于X公司内部的、某个经营期间的评估结果，不能以此作为判断参与项目的负责人即为公司高级管理人员的标准。故判决驳回上诉，维持原判。

【典型意义】

当前，我国积极共建“一带一路”，大量国内公司包括自贸区设立的公司正踊跃在海外设立代表处，以便更好地拓展对外投资和贸易。在与公司相关的商事纠纷案件中，此类办事机构工作人员的身份、权限等，往往成为案件的争议焦点之一。《公司法》第一百四十八条规定，董事、高级管理人员违反对公司的忠实义务的，其所得收入应当归公司所有。据此，涉案工作人员具有公司董事、高级管理人员的身份，是公司主张的归入权能够得到支持的前提。本案明确，判断工作人员是否为公司的高级管理人员并不仅仅是公司内部治理的问题，还涉及法律责任的确定，除应重点审查其职务的形成、职责的范围外，还需综合考量其是否实际行使了高级管理人员的职权、负责的具体事项是否为公司的核心业务以及其与公司之间有无正式的劳动合同关系等因素。本案为处理自贸区类似案件提供了裁判指引，有助于警示企业加强对高级员工的管理，在准确理解法律规定的基础上，做好法律风险预先防范。

案例三　华某诉S公司公司决议纠纷案

【基本案情】

S公司的股东会由A公司以及华某等6名股东组成，公司注册资本为6313131元。S公司于2018年3月1日召开股东会并作出决议：一、同意对A公司认缴注册资本中的210438元进行定向减资，公司总注册资本减少至6102693元。减资后A公司股权比例下降，从10%降至6.9%，其他股东持股比例均上升，其中，华某股权比例从24.47%上升至25.32%。二、同意S公司向A公司返还投资款500万元。三、同意修改章程，修改后的章程见附件一。四、授权S公司的执行董事夏某代表S公司履行一切为完成本次减资所必要的行为，包括但不限于办理债权申请登记、减少注册资本的工商变更手续等。决议的表决结果为除华某外其他股东均同意，同意股东持股比例占总股数75.5%。

华某认为，公司定向减资应当经全体股东一致同意，而非持有2/3以上表决权的股东同意，涉案决议第一、三、四项涉及到公司股权结构的重新调整，未经全体股东一致同意，违背了《公司法》“同股同权”的基本原则，应属决议不成立。而且S公司将资本公积金返还给个别股东的做法实际是未经清算程序变相提前向个别股东分配公司资产，不仅侵害了公司财产权，也损害了其他股东的利益。同时，S公司处于亏损状态，允许股东将资本公积金予以抽回将导致外部债权人利益无法得到保护。故诉至法院请求确认A公司涉案股东会决议第一、三、四项不成立，第二项无效。S公司辩称，涉案股东会决议符合

《公司法》第四十三条的规定，同时也未违反公司章程的约定，决议作出的程序也不存在任何瑕疵，故决议合法有效。

【裁判结果】

一审法院认为，公司减资往往伴随着股权结构的变动和股东利益的调整，《公司法》已就股东会作出减资决议的表决方式进行了特别规制，并未区分是否按照股东持股比例进行减资，涉案股东会决议内容为公司减资事项，符合公司章程以及《公司法》对于减资要求2/3以上表决权通过的规定。根据《公司法》的规定，股东会决议无效限定于决议内容违反法律、行政法规的情形。华某认为涉案股东会决议违反《公司法》第一百六十八条规定的“公司的公积金用于弥补公司的亏损、扩大公司生产经营或者转为增加公司资本”。但该规定针对的是法定公积金在公司内部经营管理中的用途和限制，并不排斥公司经合法决议程序将股东溢价投资所转成的资本公积金退还给原股东。故判决驳回华某全部诉请。华某不服一审判决，提起上诉。

上海一中院认为，《公司法》中规定的“减少注册资本”应当仅仅指公司注册资本的减少，而并非涵盖减资后股权在各股东之间的分配。股权是股东享受公司权益、承担义务的基础，定向减资会直接突破公司设立时的股权分配情况，如只需经三分之二以上表决权的股东通过即可做出不同比减资决议，实际上是以多数决形式改变公司设立时经发起人一致决所形成的股权架构。同时，经查明S公司已出现严重亏损状况。在定向减资后，华某持股比例的增加，在实质上增加了华某作为股东对外所承担的风险，在一定程度上损害了华某的股东利益。涉案股东会决议第一、三、四项符合《最高人民法院关于适用〈中华人民共和国公司法〉若干问题的规定（四）》第五条第五项“导致决议不成立的其他情形”。S公司处于持续亏损状况，如果允许S公司向A公司返还500万元投资款，将导致公司的资产大规模减少，损害了公司的财产和信用基础，也损害了公司其他股东和公司债权人的利益。因此，华某主张涉案股东会决议的第二项无效具有事实和法律依据。故判决撤销一审判决，确认涉案股东会决议的第一、三、四项不成立，第二项无效。

【典型意义】

公司增减出资不仅关乎股东之间的利益、公司未来的发展，更关乎与公司相关的各方主体的利益，因此，《公司法》对公司增减出资规定了专门的程序要求。本案不同于公司股东同比例减资情形，涉及的是以向股东返还出资款的形式进行定向减资这一新情况。此类减资将直接导致公司股权结构变化，造成公司净资产减少，这就相当于使部分股东可以优先于债权人和其他股东收回所投入的资本，最终损害公司债权人以及其他股东的利益。法院在处理本案的过程中，以维护交易安全并保护债权人利益为前提，认为不能以股东多数决的方式改变公司设立之基础即经各方合意所形成的股权架构，且不能未经清算就通过减资变相向个别股东分配剩余资产，从而认定涉案决议属于《公司法》及其司法解释规定的决议不成立或无效的情形。本案裁判在填补《公司法》相关规定于司法实践中的应用空白方面进行了有益的探索，对今后自贸区此类案件的审理具有积极的参考价值，有助于为优化自贸区营商环境、维护交易安全、完善法治建设探索积累经验。

案例四　黄某诉 H 投资、Y 旅社等合伙协议纠纷案

【基本案情】

H 投资系有限合伙企业，总认缴出资额为 200 万元。陈某系普通合伙人。吕某系有限合伙人，认缴出资 100 万元，出资时间为 2025 年 2 月 2 日之前。

2015 年 3 月 20 日，H 投资与黄某签订《合伙协议》，约定由黄某作为有限合伙人，H 投资作为普通合伙人及实际控制人，依法设立合伙企业，并通过该合伙企业间接持有 Y 旅社股权。同日，黄某、H 投资、Y 旅社共同签订《补充协议》，约定黄某通过合伙企业间接持有 Y 旅社股权。三方同意，在《补充协议》签订后三十日内，黄某、H 投资通过合伙企业向 Y 旅社增资。此后，黄某依约向 H 投资支付了 43. 7 万元的出资。

此后，因 H 投资未依约设立合伙企业已构成违约，故黄某起诉至法院，请求解除《合伙协议》及《补充协议》，要求 H 投资、Y 旅社返还出资款 43. 7 万元且支付利息损失，陈某对 H 投资债务承担无限连带责任，吕某以 100 万元出资额为限对 H 投资债务承担清偿责任。H 投资、吕某等均不同意黄某的诉讼请求。其中吕某辩称，作为 H 投资的有限合伙人，其出资缴付期限尚未届满，H 投资亦未出现解散或破产的事由，故吕某对 H 投资的债务不应承担连

带责任。

【裁判结果】

一审法院认为，H投资未依约设立合伙企业，导致黄某无法根据约定通过成立合伙企业间接持有Y旅社股份，无法实现黄某的合同目的，已构成违约。故黄某主张解除《合伙协议》及《补充协议》于法有据，H投资应返还投资款并偿付利息损失。要求Y旅社共同返还投资款并支付利息损失的主张，无事实和法律依据。根据《合伙企业法》的规定，陈某系普通合伙人，应对H投资债务承担无限连带责任。而吕某系H投资的有限合伙人，其出资期限尚未届至，H投资也未破产或清算，故黄某要求吕某以其认缴的出资额100万元为限对H投资的债务承担责任缺乏法律依据。一审法院据此作出相应的判决。黄某不服，提起上诉。

上海一中院认为，关于黄某要求吕某在其认缴出资范围内对H投资的债务承担连带责任的问题，尽管法律并未将有限合伙人认缴出资到位作为其承担责任的前提，但是有限合伙人对于其出资的期限利益并不因为合伙企业对外负债而消灭。现因吕某认缴出资的最后期限为2025年2月2日，且H投资尚未进行清算程序，故黄某在现阶段要求吕某的出资加速到期，缺乏依据。故判决驳回上诉，维持原判。

【典型意义】

公司、合伙企业等商事主体的投资人就其出资约定期限且尚未到期的，商事主体的债权人能否要求该类出资人在未缴出资范围内对商事主体的债务承担连带清偿责任，亦即债权人能否主张此类股东的出资义务加速到期，此类问题近年来日益频繁地出现在商事纠纷中。对此，我国《企业破产法》及《最高人民法院关于适用〈中华人民共和国公司法〉若干问题的规定（二）》，分别针对企业破产和解散清算的情形规定了股东出资义务加速到期。但对仍在正常经营中的商事主体能否主张股东出资加速到期的问题，相关法律规范均未有规定。本案为合伙企业出资人的出资义务是否可以加速到期提供了明确的裁判规则，明确其出资义务能否加速到期涉及商事主体的资本充实和偿债能力，亦影响到债权人利益保护和商事交易安全，不应轻易剥夺出资人的出资期限利益。本案进一步明晰了此类自贸区商事纠纷的裁判规则，对同类案件的处理具有一定的参考价值，有利于维护自贸区商事交易的秩序与安全。

案例五　章某诉Z银行、孙某等执行分配方案异议之诉案

【基本案情】

借款人陈某分别于2012年5月15日、2013年4月28日、2014年2月18日与Z银行、孙某、章某签订了《住房贷款合同》《个人抵押借款合同》《抵押借款合同》。且均以×××路×××号房屋为抵押物，办理了抵押登记，Z银行、孙某、章某分别为第一、第二、第三顺位抵押权人。因陈某违约，Z银行提起诉讼，法院判决陈某归还借款本金及相应利息。后因陈某未履行生效判决，Z银行于2016年8月31日向法院申请执行，执行法院拍卖上述抵押房屋，拍卖款项1700万元用以偿还欠款。根据法院制定的执行款分配方案，Z银行分配到9051897.68元，孙某分配到5642000元，余款分配给抵押权人章某，因余款不足以使章某所持债权完全受偿，章某不服该分配方案，向法院提起诉讼。

章某诉称，抵押权登记证明具有公示效力，应按抵押权登记证明记载的债权数额确定优先受偿权。而第一顺位抵押权人Z银行的抵押权登记证明记载的债权数额仅为819万元，第二顺位抵押权人孙某的抵押权登记证明记载的债权数额仅为400万元。故要求撤销原执行款分配方案，变更为按抵押权登记证明记载的债权数额进行分配，即Z银行分配819万元，孙某分配400万元，余额分配给章某。Z银行辩称，抵押权担保范围除本金外，还包括实际发生的利息、违约金、贷款人实现债权的费用等，该主张有合同依据、担保法的规定和法院生效判决支持。不能将客观上不能登记债权担保范围的风险转嫁给Z银行承担。孙某辩称，合同载明处分抵押物所得价款分配必须清偿孙某借款本金、利息、逾期利息、罚息、赔偿金等，其同意执行法院的分配方案，不同意章某的诉请。

【裁判结果】

一审法院认为，本案的争议焦点在于一般抵押情形下，抵押权人优先受偿

的范围是否以登记机构登记的债权金额为限。章某主张Z银行、孙某应以其分别在登记机构登记的债权金额为限享有优先受偿的权利，对超出登记部分的债权金额无权优先受偿。Z银行、孙某则认为，应当以《物权法》《担保法》的规定以相关合同约定的受偿范围为准。《物权法》第一百七十三条规定，担保物权的担保范围包括主债权及其利息、违约金、损害赔偿金、保管担保财产和实现担保物的费用。当事人另有约定的，按照约定。如Z银行与陈某签订的《住房贷款合同》约定，担保范围为本合同项下借款人全部债务，包括本金、利息、违约金、损害赔偿金、贷款人实现债权的费用（包括但不限于律师费、公证费、执行费、资产评估及处置费、鉴定费、公告费等）、因借款人违约而给贷款人造成的损失和其他所有应付费用。故章某认为优先受偿范围以抵押登记债权金额记载为限的主张，无事实和法律依据。遂判决驳回章某的诉讼请求。章某不服，提起上诉。

上海一中院认为，根据《物权法》第一百七十三条规定，担保物权的担保范围包括主债权及其利息、违约金、损害赔偿金、保管担保财产和实现担保物权的费用。根据法律规定和当事人的约定，Z银行与孙某分别作为拍卖执行不动产的第一顺位、第二顺位一般抵押权人，其优先受偿的范围，应当包括抵押登记以及备案抵押合同约定的主债权及其利息、违约金、损害赔偿金、保管担保财产和实现担保物权的费用等。抵押权设立之时，除本金数额可以明确外，利息、逾期利息等是否会实际发生以及发生金额均未可知，故应当根据当事人在合同中明确约定的抵押担保债权范围确定优先受偿的范围。故判决驳回上诉，维持原判。

【典型意义】

在同一抵押物上存在不同顺位抵押权的情况下，抵押权的实现与优先受偿是以登记的金额为限还是以合同中约定的抵押担保债权为限，往往存在一定争议。本案明确了除当事人另有约定外，担保物权的担保范围应包括主债权及其利息、违约金、损害赔偿金、保管担保财产和实现担保物权的费用。这也意味着，在登记机构登记的抵押担保债权金额并不必然等于该抵押权实际所能享有的优先受偿金额，仍应当根据抵押合同以及相关法律规定确定抵押优先受偿权的具体受偿范围及金额。本案判决后，上海高院据此向上海市不动产登记部门建议改进抵押登记的形式和内容并被采纳。本案厘清了执行过程中不同顺位抵押权人的受偿规则，保障了案件当事人的胜诉利益，并妥善地在抵押登记公示公信效力与当事人意思自治之间做出了价值平衡，统一了此类典型问题的裁判规则，为自贸区法治化营商环境建设提供了司法保障。

案例六 L公司诉G公司服务合同纠纷案

【基本案情】

2015年10月22日，G公司向L公司发送邮件一封，表示其将于2016年6月14日至6月16日举办上海国际航空维修及工程技术展，该邮件附件一为展位图，附件二为部分参展企业名录，显示参展企业数量为152家。基于此，L公司于2016年1月22日与G公司签订《申请表与协议》，约定了参展形式、展位、参展费用。协议签订后，L公司支付了参展费用并进行了展台设计，并派员参展。但L公司参展后发现，涉案上海国际航空维修及工程技术展（MRO CHINA 2016）系上海国际航空服务产业博览会（ASCE CHINA 2016）的一个主题展会，后者系开放性展会，共有125家参展商参展，而涉案上海国际航空维修及工程技术展仅有12家参展商参展。因此，L公司以G公司违反诚信为由诉至法院，请求G公司赔偿各项损失共计58045.7美元。G公司辩称，L公司所述欺诈是指G公司在招展时提供的参展商名录及展位图与实际不符，实际上是G公司误将招展对象标明为参展企业。而且，目录上的参展商是否参展及展位布局并不构成本案双方当事人的合同内容。双方签订的《申请表与协议》系双方真实意思的表示，L公司也认可该合同的效力，G公司并不存在欺诈，合同合法有效，且已履行完毕，G公司在履行合同过程中也无违约行为，因此请求驳回L公司的全部诉请。

【裁判结果】

浦东法院认为，本案为展览合同纠纷，展会的规模、参展商的数量对参展商决定是否参与展会具有重要影响，通常是参展商需要考虑的首要和基本要素。G公司作为专业从事会展服务的企业，理应能够区分招展对象与参展企业，同时作为招展方，其有义务向参展企业披露真实的参展企业信息。因此，在招展过程中G公司将招展对象标明为参展企业通知L公司的行为显然存在过失，属于提供虚假情况。根据《合同法》第四十二条的规定，当事人在订立合同过程中故意隐瞒与订立合同有关的重要事实或者提供虚假情况，给对方造成损失的，应当承担损害赔偿责任，G公司行为符合上述法律规定的情形，应承担缔约过失责任。G公司的过失行为导致L公司在签订并履行《申请表与协议》的过程中产生了信赖利益损失，即应当承担该信赖利益损失的赔偿责任。由于涉案合同已履行完毕，缔约过失责任赔偿数额的确定需要同时受与有过失、损益相抵、可预见性等规则的限制。虽然涉案展会规模与G公司的宣传存在差距，但参加会展对于L公司的企业形象塑造、经营业绩提升等亦显有裨益，该些可视为L公司信赖利益的部分实现，而与之相对应的服务费、参展费用等亦应当由L公司自行承担。因此，浦东法院综合本案双方的缔约、履约情况以及过错程度，酌定G公司赔偿L公司展位费、展台设计搭建费、差旅费、住宿费合计30000美元，剩余费用由L公司自行负担。一审判决后，G公司提起上诉。二审法院判决驳回上诉，维持原判。

【典型意义】

会展行业作为服务业的一个重要组成部分，对于促进商业交易开展、扩大上海自贸区的国际影响力具有重要作用。以第一届国际进口博览会在上海成功举办为标志，会展行业的重要性再度提升。本案一是在法律适用方面，准确认定了会展领域缔约过失责任的适用范围。我国传统民法理论认为缔约过失责任的适用前提是合同无效、被撤销或不成立，并且一方对该情形的出现存有过失，但对于以会展类纠纷为代表的服务类纠纷，对这一观点需要重新考虑。本案中双方签订的会展服务合同已履行完毕，但在缔约过程中，展览举办方违反先合同义务，进行了不实陈述，L公司基于此与G公司签订服务合同并已履行完毕，导致L公司信赖利益的损失，浦东法院据此判令G公司承担缔约过失责任，对于类似案件的公正裁判具有参考价值。二是本案明确了会展举办企业在招展过程中应当遵守诚信原则，否则要承担相应的法律后果，对于规范会展企业商事行为、促进会展行业持续向好发展有指导意义。三是本案从贸易平等保护方面展现了我国法院的司法态度。L公司系国际知名航空服务提供商，其诉请要求G公司赔偿58045.70美元的损失，浦东法院经审理后综合双方的缔约、履约情况以及过错程度，最终判定支持其部分诉请，体现了平等保护境内外主体的司法理念。

案例七　L公司诉B保险公司进出口信用保险合同纠纷案

【基本案情】

2015年，L公司因出口贸易向B保险公司投保短期出口信用保险。保险单载明：被保险人为L公司，保险范围为信用证及非信用证支付方式的出口；买方破产、无力偿还债务、拖欠风险和拒绝接收货物所致损失的赔偿比例为90%；C公司为L公司境外关联公司，对于被保险人通过C公司与国外买方签订合同出口的，保险责任始于货物出口，终于买方付款。之后，L公司向B保险公司就乌干达客户M公司申请限额。B保险公司经审核后向L公司出具了《信用限额审批单》，认可L公司与M公司进行交易，并给予了相应信用限额。

期间，C公司与M公司签订钛白粉买卖合同，由C公司向M公司出运货物并向B保险公司申报，B保险公司向L公司发送《保险费通知书》，L公司缴纳了保险费。该批货物抵达目的港后，M公司没有提货，也未能如期付款。L公司与C公司向B保险公司提交《可能损失通知书》并申请索赔。B保险公司委托第三方机构进行海外调查，M公司常务董事声明该公司从未就系争货物进行过任何谈判或签订协议，亦未收到任何提货单，该声明经乌干达外交部认证。因此，B保险公司拒绝理赔。L公司遂诉至法院，请求判令B保险公司承担保险责任，赔付L公司相当于货物金额90%的保险金441936美元。

B保险公司辩称，本案存在贸易纠纷，根据保单合同约定，L公司应当先依法在中国国际贸易仲裁委员会仲裁，在生效法律文书确定L公司与M公司之间贸易真实性及应收账款的确定数额后，才有权向B保险公司提出保险理赔要求。

【裁判结果】

浦东法院认为，本案系L公司为保障其出口贸易收汇安全，以出口信用风险为保险标的，在与B保险公司订立出口信用保险合同后，因合同的履行而引发的纠纷，应定性为进出口信用保险合同纠纷。关于本案是否存在真实贸易关系，B保险公司提交M公司常务董事的声明作为反证，但该声明并未否认售货确认书上相关公章及签名的真实性。且M公司系交易相对方，与交易有利害关系，故仅凭其出具的经乌干达外交部认证的声明，亦无法否认交易真实存在。相反，L公司为证明贸易真实，提供了交易磋商往来邮件、售货确认书、发票、提单、海关出口货物报关单，结合B保险公司提供的物流调查报告，足以形成完整的证据链证明涉案交易真实存在。

关于B保险公司能否以涉案交易存在纠纷为由，在涉案交易经仲裁后才予以定损。本案中，保险合同将“拒绝接受货物”作为具体商业风险纳入保险责任范围，本案符合该情形，属于应当通过一般流程直接进行赔付的保险责任范围。如果将“拒绝接受货物”理解为一种纠纷或争议，并按照保险合同约定的“贸易纠纷”处理（即对于贸易纠纷，保险人可暂不予定损核赔，待仲裁确定贸易真实性及应收账款金额后，投保人才有权向保险公司要求理赔），则明显与投保人投保出口信用保险的目的不相符，亦对投保人不公平，失去了出口信用保险的基本功能。根据保险条款的一般解释原则，在双方对“贸易纠纷”的理解存在冲突或者歧义时，应作出有利于投保人的解释。浦东法院最终判决支持了L公司的全部诉讼请求。判决后，B保险公司提起上诉。二审法院判决驳回上诉，维持原判。

【典型意义】

本案是一起涉自贸区及涉“一带一路”金融商事案件。推动自贸区建设，扩大对外开放，必须依法公正保护相关进出口企业的合法权益，解除他们的后顾之忧，出口信用保险是出口企业规避国际贸易风险、保护自身交易安全的重要方法。实践中，保险公司可能通过不合理的保险条款设置，减轻自身主要义务，加重出口企业的责任，使出口信用保险不能充分发挥其应有的功能和作用。对此，法院需要从公平合理的角度努力平衡出口企业与保险人之间的利益冲突，以鼓励中国企业更好地走出去。在本案争议的钛白粉贸易中，因乌干达买家拒绝收货、付款而出险，但B保险公司以“交易不真实、本案属于保险合同关于贸易纠纷在获得仲裁裁决前保险人不予定损核赔的约定”为由拒绝理赔。法院通过对保险合同进行体系解释和不利于格式合同提供方的解释，认定本案不属于双方保险合同中约定的“贸易纠纷”，应当适用在保险责任范围内的“拒绝接受货物”的保险合同条款，判令B保险公司承担相应的理赔责任。此外，本案还涉及到贸易中经常遇到的贸易所在国政府部门认证证据的效力问题。法院认为，对于该类证据不能简单地以有当地政府背书而确认其证明效力，应当根据查明的案件事实，客观公正地评价证据效力，正确认定案件事实，更好地维护自贸区相关企业的合法权益。

案例八 J公司诉K公司、Z银行服务合同纠纷案

【基本案情】

2014年2月22日，J公司与K公司签订《快钱电子支付服务协议》，约定由K公司为J公司提供电子支付服务，协议上载明J公司是从事“提供金银饰品珠宝玉器批发零售”的企业，而K公司将入网商户类别错误登记为一般批发类商户。

2014年9月4日15时12分36秒，案外人李著某所有的Z银行信用卡在中国浙江省发生一笔金额为92800元的消费，商户名为“J公司”，签购单上的签名为“李竹某”。该信用卡设置的交易方式为凭密交易。李著某收到交易短信通知后当即通知Z银行，否认该笔交易为其本人交易。当日该卡在新加坡发生了三笔交易。2014年10月13日，Z银行发起针对涉案交易的退单扣款操作，自K公司账户中扣除92800元。该退单依据为中国银联《差错争议业务规则》第四章3.1.2.2款V项“收单机构涉嫌收单业务严重违规行为”及附录1中“原因码4515持卡人否认交易”项下“【原因子码】持卡人声明未参与交易”等相关内容。2014年10月17日，K公司向J公司发出《扣款通知函》并从J公司开立于其处的账户中扣除了相应款项。J公司要求K公司、Z银行付款未果，故涉诉。

J公司诉称，案外人“李竹某”持Z银行信用卡在J公司商铺以密码支付方式刷卡消费。交易卡片正面印有“LIZHUBO”拼音，背面预留“李竹某”签名。涉案交易发生后，J公司依Z银行调单要求提供了签购单、收款收据及交易录像。该卡在2014年9月4日之前也未有挂失。但Z银行对该笔交易退单拒付，K公司又自J公司账户扣除了与该交易金额相当的款项。故请求法院判令：一、K公司赔偿J公司损失92800元；二、Z银行对K公司的上述赔偿义务承担连带责任。

K公司辩称，其与J公司系委托合同关系，不向J公司支付相应款项既符合合同约定，也符合《合同法》关于受托方因完成委托事务遭受的损失可向

委托方要求赔偿的规定。J公司在交货时并未核实卡片后面的签字，存有过错，应对因其过错造成的损失承担赔偿责任。

Z银行辩称，涉案争议发生在J公司与K公司之间，不应牵扯Z银行与持卡人。K公司存在严重违规情形。Z银行依约负有保障持卡人用卡权益及财产安全的义务，持卡人李著某有充分证据证明其根本不可能进行涉案交易。Z银行无法确认本案所涉交易使用的POS机设备的合法性及有效性。J公司也未提供涉案交易的录像以证明交易的真实性。

【裁判结果】

浦东法院认为，Z银行作为发卡行，K公司作为收单机构，J公司作为特约商户以及案外人李著某、信用卡平台组织中国银联这五方主体相互之间签订的合约共同构成了系争信用卡的发卡、消费、收单、结算等业务的系列合同关系，该信用卡系列合同关系具有整体关联性，上述任何一方违反其自身义务，均可能对信用卡的使用产生影响，故应承担相应的违约责任。

本案系争纠纷由伪卡盗刷所引发，争议焦点为三方在系争交易过程中是否存在违约行为，进而为此如何承担违约责任。浦东法院认为：一、Z银行系涉案信用卡的发卡行，负有保障用卡安全的合同义务，应当为本案系争伪卡盗刷的损失承担违约责任，其制发的信用卡以及开发的交易系统存在技术缺陷，导致信用卡被伪造且未能识别，是交易风险产生的根源和前提，也是交易损失产生的根本原因，应承担主要责任。二、K公司作为本案系争信用卡交易的收单机构，在为J公司登记银联入网信息时未如实设置“交易商户类型”，构成收单机构严重违规，影响了发卡行采取与类型相对应的风险管控措施，也增大了特约商户被退单的风险，应承担次要责任。三、J公司作为特约商户在信用卡交易中负有审核持卡人真实身份和信用卡真伪的义务，其审核标准应理解为与特约商户收银员职业要求相符的善良管理人的谨慎注意义务。J公司自认未按《快钱电子支付服务协议》约定查验持卡人身份证件，且未按约保存交易录像资料，导致持卡人身份未被识别以及相关事实无法进一步查明，亦应承担次要责任。因此，浦东法院认定Z银行、K公司、J公司对本案损失应当分别承担40%、30%、30%的责任，并据此作出判决。

【典型意义】

本案是上海市首例由伪卡盗刷引发的特约商户依服务合同起诉收单机构及

发卡行要求赔偿损失的金融案件。该案涉及多交易主体、多交易环节、多金融合同，较为复杂且具有一定代表性。自贸区是上海金融创新高地，随着现代金融交易模式的专业化，交易环节复杂化及交易主体多元化趋势日益明显，法院应及时转变审判思路，在充分认识金融交易“契约性”特点的前提下，尊重当事人意思自治及金融交易规则，主动构建“金融交易契约群”，用整体性思维将不同交易环节中金融合同项下的各个交易主体纳入一个评价系统进行整体评价。该案通过创新审判思路，为公正高效处理类似金融赔偿纠纷提供了有益借鉴，也为进一步优化自贸区营商环境，平等保护金融市场主体提供了有力的司法保障。

案例九　E公司诉L网络公司、L移动公司等不正当竞争纠纷案

【基本案情】

E公司系某网址导航、某王牌浏览器的经营者，其中某网址导航在中国网址导航市场中排名前列。三家公司（L网络公司、L移动公司、J公司，以下简称：L网络等公司）共同开发和运营某毒霸软件。E公司主张，L网络等公司在毒霸软件安装、运行、升级和卸载等各个环节利用多种不同技术手段，擅自将用户浏览器中设定的某网址导航主页劫持为某毒霸网址大全。同时，L网络等公司还针对E公司经营的某浏览器与其他浏览器实施了区别对待行为。

E公司认为，L网络等公司实施的上述行为有违诚实信用原则和公认的商业道德，均构成不正当竞争，故诉至法院，请求判令L网络等公司停止不正当竞争行为、赔偿经济损失及合理费用，并消除影响。L网络等公司辩称L网络公司、L移动公司不是本案适格被告，某毒霸软件在运行过程中未进行流量劫持，不构成不正当竞争行为，E公司也不存在巨大损失。

【裁判结果】

浦东法院认为，L网络等公司共同经营了某毒霸，均为适格被告，应共同对通过某毒霸所实施的行为承担相应的民事责任。L网络等公司作为安全软件以及与E公司经营的一般终端软件具有直接竞争关系软件的经营者，在发挥

安全软件正常功能时超出合理限度，实施了干预其他软件运行的行为。L 网络等公司利用网络用户对其作为安全软件经营者的信任，或未告知用户，或通过虚假弹窗、恐吓弹窗变更用户浏览器主页，直接侵害了网络用户的知情权和选择权，在非法获利的同时亦使 E 公司的合法权益及良好商誉受到实际损害。此外，L 网络等公司在通过某毒霸软件变更网络用户浏览器主页过程中实施的区别对待行为，会使网络用户对不同浏览器的使用体验产生差异，不正当地影响 E 公司经营的某浏览器的用户体验和评价。综上，L 网络等公司的竞争行为不仅违反了诚实信用原则和公认的商业道德，还违反了平等竞争的原则。故判决 L 网络等公司停止不正当竞争行为，消除影响，并赔偿 E 公司经济损失 300 万元及为制止侵权所支出的合理费用 13060 元。L 网络等公司均不服，提起上诉。二审判决驳回上诉、维持原判。

【典型意义】

在“流量为王”的时代，流量已经成为互联网企业的核心竞争力，而争夺用户流量的重要渠道之一就是占据更多的浏览器主页。本案的判决明确了如下规则：安全类软件在计算机系统中拥有优先权限，经营者对该种特权的运用应当审慎，对终端用户及其他服务提供者的干预行为应以“实现功能所必需”为前提。安全类软件经营者以保障计算机系统安全为名，通过虚假弹窗、恐吓弹窗等方式擅自变更或诱导用户变更其浏览器主页，从而不正当地抢夺流量利益，不仅损害了其他经营者的合法权益，也侵害了终端用户的知情权与选择权，有违诚实信用原则和公认的商业道德。在推进自贸区建设的背景下，互联网经济正以其多维度、高增速的特性成为经济转型升级的重要推动力之一。但互联网经济的发展和经营主体间的竞争，不能突破行为正当性的界线，而应始终秉持开放的产业形态与公平的竞争环境并进的理念，以进一步保护自由竞争和产业创新。本案判决认定恶意篡改用户浏览器主页劫持流量的行为构成不正当竞争，为互联网行业的流量之争厘清了行为边界，对确立互联网正当竞争秩序提供了有价值的规则指引。

案例十 Y公司诉Q公司不正当竞争纠纷诉前禁令案

【基本案情】

Y公司运营的Y网站是国内领先的在线视频平台，其每年斥巨资购买正版视频内容在Y网站上供用户观看或下载，并通过在视频播放前、暂停时以及在播放页面周边投放广告以收取广告费、付费会员服务（免广告）或者对特定视频单独收费等三种模式来实现盈利目的。Q公司研发和运营的某视频软件是一款视频聚合软件，主要向智能电视用户提供视频点播服务。Y公司认为，某视频软件通过技术手段获得了只能由Y公司后台服务程序才能生成的特定密钥key值，该行为破坏了申请人的技术保护措施，非法盗取了Y公司的视频存储链接，最终实现了以屏蔽片前广告、暂停广告的形式向某视频软件用户提供Y网站视频内容的行为，构成不正当竞争，若不及时制止该行为，将给Y公司造成无可挽回的重大损失，故在诉前申请法院责令Q公司立即停止实施该不正当竞争行为，并提交了Y网站上600余部作品的权属证据以及在某视频软件播放上述作品时相关行为的证据材料，同时以保险金额为6600万元的财产保全责任险合同作为担保。

【裁判结果】

浦东法院经审查认为，首先，某视频软件及Y网站均向消费者提供视频播放服务，两者具有直接竞争关系。Q公司的上述行为实质上是将Y网站视频内容与Y公司设置的与视频内容共同播放的片前广告、视频暂停时广告相分离，足以使既不愿意观看广告也不愿意支付申请人相应费用的消费者转而使用某视频软件，Q公司此行为损害了Y公司的合法权益。因此，Q公司的行为有可能构成不正当竞争。其次，Y网站系国内领先的在线视频平台，某视频软件也拥有大量用户，若不及时制止上述被控侵权行为，可能对Y公司的竞争优势、市场份额造成难以弥补的损害。最后，采取保全措施不会损害社会公共利益，且Y公司已提供有效担保。综上，Y公司的申请符合作出诉前行为保全的条件。据此，浦东法院裁定Q公司立即停止在其经营的某视频软件链接播放来源于Y网站视频时绕开Y公司在Y网站设置的片前广告、视频暂停时广告的行为。

【典型意义】

推进上海自贸区建设和“具有全球影响力的科技创新中心”建设，离不开完善的知识产权制度保障，离不开良好的知识产权法治环境。然而，随着涉自贸区知识产权纠纷的类型和数量不断增多，知识产权争端解决周期偏长、维权成本偏高的问题在一定程度上仍然存在。为了及时制止知识产权侵权行为，法律规定权利人可以在诉前申请法院裁定被控侵权一方禁止实施一定的行为。本案系全国首例视频聚合软件不正当竞争纠纷诉前禁令案。针对涉案诉前禁令申请，法院从Y公司具有胜诉可能性、不采取保全措施会对Y公司造成难以弥补的损害、采取保全措施不损害社会公共利益三方面分析，认定Y公司的请求具有事实基础和法律依据，最终裁定Q公司在诉前立即停止相关行为，及时有效地保护了Y公司的合法权益。该裁定书向双方当事人送达后，Q公司未提出复议，且积极履行裁定，主动在某视频软件中断开了涉案的600余部影视作品的链接，取得了较好的社会效果和法律效果。

[司法实务问题研究]

破产案件中的财产腾空问题研究

——以温州市瓯海区人民法院审理的破产案件为例

夏旭丽* 郑菲菲** 何晓艳***

关键词：破产 财产处置 腾空

摘要：目前，法院通过淘宝的司法网拍系统依法处置破产财产，从而加快破产清算案件的审理进程。但是仍存在部分破产财产因腾空问题而无法提交司法网拍系统进行处置。本文以瓯海法院审理的破产案件为例，分析破产案件财产处置现状，破产财产腾空难的主要原因，并根据实践经验探讨对策，以期解决破产腾空难的问题，从而推进破产案件的审理进程，保障债权人、债务人利益，维护社会稳定。

自破产案件运用淘宝司法网拍系统处置破产财产后，破产案件的审理取得了良好的社会效果。不论是房产、商标、车辆、存货还是股权等财产都能够得到快速处置。当然，在处置过程中，也遇到很多问题，如房产的腾空交付、车辆发票的开具、股权转让中的税收等，其中影响最大的便是房产的腾空交付问题，以致因房产的腾空问题阻碍了破产案件的审理进程。造成腾空难的主要原

* 温州市瓯海区人民法院审委会委员、民二庭庭长。
** 温州市瓯海区人民法院法官助理。
*** 温州市瓯海区人民法院审判员。

因是什么？如何择优选择腾空方式？破产财产腾空过程中需要注意哪些问题？如何解决腾空难问题？

一、瓯海法院破产案件财产处置现状分析

2012年1月至2018年12月瓯海法院共受理破字案件313件，审结破产案件279件（其中重整12件，和解11件），涉及债权人共2991人，盘活资产总数13.04亿元，激活土地面积数约194.15亩，激活厂房面积数约20.81万平方米。审结的279件破产案件中企业资产类型主要为股权、商标、房产、设备、办公用品、车辆、存货等，平均审理天数为147天。其中，涉及房产处置的为13件，需要进行腾空的案件为13件，涉及金额约为5.97亿元，平均审理天数为402.3天。涉及房产处置的破产案件平均审理天数是破产案件平均审理天数的2.74倍！可见，房产处置的进度是影响破产案件审理进度的重要原因，而影响房产处置进度的主要原因就在于难以及时腾空。

由于破产案件中的房产涉及金额往往都比较大且涉及债权人人数众多，一旦处理不当往往容易出现当事人信访、闹访等一系列影响社会稳定的问题。针对涉房产的破产案件，经办人需要现场勘查、与相关方多次沟通、权衡利弊，寻找最佳的处置方案，在一定程度上影响了破产案件的审理进程。而由于房产的腾空难问题，管理人在债务人房产尚未腾空或不能有完全把握腾空的基础上，均不敢轻易处置，导致有房产财产的破产案件审理周期越来越长。破产财产腾空的复杂性及现实性，使解决破产房产财产处置中的腾空问题迫在眉睫。

二、破产财产腾空难的原因分析

瓯海法院审结的279件破产案件中涉及的财产（股权、商标、设备、办公用品、车辆、存货等）除房产外均能及时予以交付，而房产交付存在困难，已结的13件涉及房产的破产案件中，均不同程度地存在交付困难问题。尚未审结的34起破产案件中，因产房腾空问题难以推进的有24件。分析原因，主要存在以下几个方面问题：一是第三方基于合法的法律关系占有、使用该破产企业的房产，且期限较长；二是占有、使用人对破产企业的房产用途进行了变更造成腾空困难；三是多人分别占有、使用破产企业财产。

（一）第三人合法占有、使用企业厂房

第三人占有、使用该破产财产往往是基于合法的法律行为，如某锁业公司破产清算一案，公司于2017年12月28日进入破产程序，承租人与债务人公司于2014年签订租赁合同，而租赁合同到期时间却在2024年。此时，若等待承租人丧失对该财产合法占有、使用的权利后，再对该财产进行处置无疑是皆大欢喜的。但现实中的难题是，第三人的该权利时间太长，企业已经进入破产程序，承租人的租赁时间却远还未到期。一方面，债务人的债权人要通过破产程序及时实现其债权；另一方面，承租人已支付租金而租赁期限远未到期，其抵触心理也越大，对该财产进行腾空交付的难度也越大。尤其在承租人已经先支付了全部租金的情况下，腾空工作的开展不仅仅只是涉及腾空，更涉及承租人的租金权利的认定，如该笔已支付的租金是属于普通债权抑或是优先债权，还是各债权人实现债权所产生的共益债务，目前仍存在较大争议。而权利人想要行使权利就必须通过腾空来实现，以腾空作为排除妨碍、行使权利的途径。

《合同法》第二百二十九条规定租赁物在租赁期间发生所有权变动的，不影响租赁合同的效力。《企业破产法》第十八条规定人民法院受理破产申请后，管理人对破产申请受理前成立而债务人和对方当事人均未履行完毕的合同有权决定解除或者继续履行，并通知对方当事人。法律规定之间的冲突造成了现实中腾空实现的困难。

《合同法》中关于“买卖不破租赁”的规定系为了保护承租人利益，法律强化租赁权效力，认为租赁权这一相对权在一定条件下有对抗第三人的效果，① 这是在企业正常经营的状态之下。而当企业进入破产程序之后，应根据特别法优先原则，优先适用《企业破产法》中的相关规定，因破产程序中不单涉及承租人的利益更涉及一大批债权人的利益，而《企业破产法》之所以在债务人已进入破产程序的情况下，赋予破产管理人解除合同的权利，是因为考虑到此时债务人通常都不具有继续履行合同的能力。② 为了尽快实现受到侵害的债权，债权人强烈要求尽快取回破产财产进行处置，这与对承租人合法权利的保护形成了巨大的冲突，造成了破产财产腾空的大难题。

① 郑金玉、王嘎利：《宣告破产对租赁合同的效力》，载《政法论丛》2003年第4期。

② 王欣新、乔博娟：《论破产程序中未到期不动产租赁合同的处理方式》，载《法学杂志》2015年第3期。

（二）合法占有、使用人改变租赁物的用途

分析瓯海法院尚未审结的几起涉及房产处置的破产案件，阻碍房产处置最大的问题即是房产的用途发生了变更。如尚未审结的某锁业公司破产清算一案，破产企业的厂房性质为工业性质，后该厂房租赁给一家老人护理机构，老人护理机构按其规定要求又对厂房进行了改装，投入了大量的人力、财力，其用途从“工业”变成了“公益”，而该机构内的老人现有近百人，且多身患疾病，有严重者甚至脑瘫、瘫痪，不方便移动，一旦处理不当将可能造成有损老人身体的不利后果，造成不良的社会影响。而贸然对该厂房进行司法网拍势必牵涉到交付问题，而现实中这种情况短时还是不能实施。

（三）多人（家）分别占有、使用企业财产

如在瓯海法院尚未审结的温州某服饰有限公司破产清算一案中，破产企业将自己的厂房对外出租，已出租面积为53883.10平方米，承租人主要为破产案件受理前入驻的企业、个体户和自然人，合计96家；尚未审结的浙江某鞋业有限公司破产清算一案中，破产企业将自己的厂房租赁给一家文化产业公司，而该公司承租后，对厂房功能进行了改变，并办理相关的审批手续，然后转租给38户企业、个体户和自然人，已收租金3963088元、押金2049463元，其中不乏城市书房、篮球场、KTV、足浴、宾馆、超市、电影院等大型的租户。此类涉及多人分别占有、使用房产的破产案件，在腾空交付过程中一旦处理不当很容易形成抱团群体，引发群体性事件。

种种造成破产财产腾空难的因素，使得法官需要耗费大量的时间、精力进行沟通和协调，以期寻找最优的解决方式，但有时往往结果不尽如人意。如何选择最优的腾空方式，如何破解腾空难是我们需要关注的重要问题。

三、破产财产腾空的现有路径分析

对瓯海法院近几年来采取的腾空方式进行归纳，可以发现其腾空手段主要分为三种方式，分别为带租拍卖后腾空、诉讼腾空后拍卖、强制腾空后拍卖。

（一）带租拍卖后腾空

在某服饰公司破产清算案、某文具公司破产清算案、某胶板公司破产清算案中，管理人均采用带租拍卖后腾空的方式对破产财产进行腾空。某服饰公司破产清算案破产财产的评估价格为2580.1224万元，拍卖成交价格为

2980.1224万元；某文具公司破产清算案破产财产的评估价格为965万元，拍卖成交价格为1656万元；某胶板公司破产清算案破产财产的评估价格为1411.5万元，拍卖成交价格为1229.2万元（见图1）。上述各案中债权人均较为理解和配合，同意采取带租拍卖后腾空的方式处置破产财产。但也有很多案件的债权人不同意带租拍卖，因带租拍卖可能会影响拍卖物的整体价值。对于债权人同意带租拍卖后腾空的破产案件，管理人需要与承租人进行协商达成一致意见，如与承租人签订按期腾空交付的协议并缴纳按期腾空保证金，承租人保证在拍卖成交后一定期限内自觉腾空，否则没收保证金等。各案后续均未发生需要法院介入促使承租人腾空的情形。

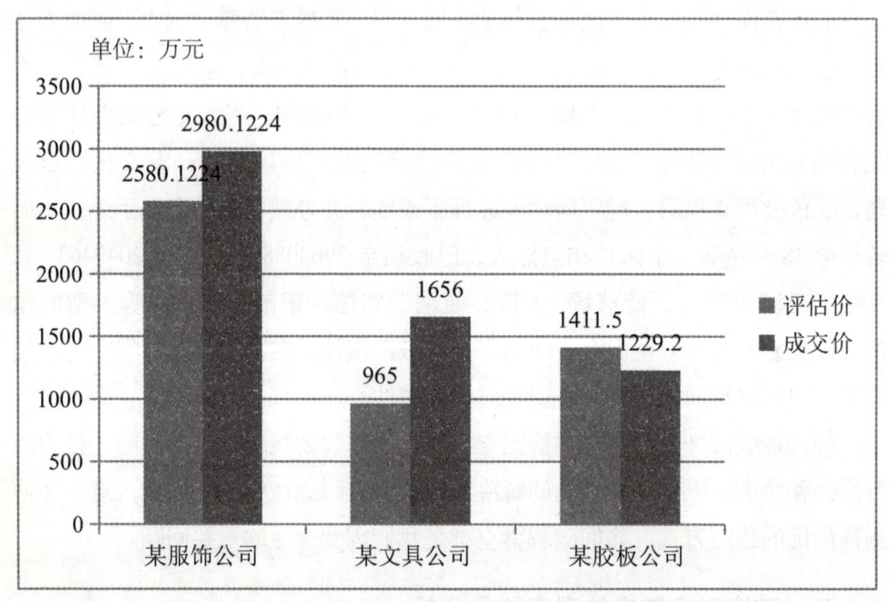

图1　带租拍卖评估价及成交价情况

上述的几件破产案件中，第三人对于破产财产的占有、使用期间均较短，此时对破产财产采用带租司法网拍后进行腾空的方式，并在拍卖时对该财产进行瑕疵说明，买受人对此也具有一定的可接受程度，而债权人也愿意为承租人进行让步，承租人在感受到债权人的让步及自身权利受到保护的情况下也会更容易配合后续工作的开展。因此，带租拍卖后进行腾空不失为一种双赢的处置方式。但带租拍卖后腾空在某种程度上不利于买受人权利的实现，也很可能会影响破产财产的成交价格。故想要采取带租拍卖后腾空的处置方式，债权人的意见尤为重要，若债权人因担心影响破产财产的成交价格而不同意该处置方式，带租拍卖后腾空的措施便无法进行。在这种情况下，管理人通常只能转而采取诉讼腾空后再拍卖的处置方式。

（二）诉讼腾空后拍卖

瓯海法院在审理某鞋材公司破产清算案时，因债权人坚决不同意带租拍卖，故管理人采用了诉讼腾空的方式进行腾空，但诉讼期限较长，仅一审时间就为3个月。当然也有通过诉讼能达到及时腾空的目的案件，如瓯海法院受理的某服饰有限公司破产清算案，在案件审理过程中经管理人调查发现，债务人企业拥有一处房产，但该房产的承租人系债务人企业法定代表人的姐姐，结合相关证据管理人对第三人占有、使用该房产的权利依据产生了怀疑，最后通过诉讼及时解除了债务人企业与第三人之间的租赁合同，判决生效后，第三人自觉履行了判决义务，及时进行了腾空。

诉讼腾空可以使腾空拥有强有力的依据从而强化执行力，更能让当事人信服，能够推进腾空工作顺利进行。但诉讼腾空大多数案件往往耗时都较长，必然会影响破产案件的审理进程。此外，诉讼腾空将破产中的矛盾转移到诉讼也必然增加了司法压力。因此，能够在破产程序中解决的问题，不建议通过诉讼来解决。

（三）强制腾空后拍卖

为达到良好的审理效果，快速处置破产财产，瓯海法院在办理破产案件时对于可以通过做工作让承租人自觉腾空的，尽量采取走访、沟通等方式促使承租人自觉履行。对于租赁期限较短的破产财产，会征询债权人意见，在处置完其他破产财产以及破产事务之后再对该破产财产进行处置，一般很少采取强制腾空的方式进行腾空。因为破产法及相关的法律均没有规定在破产案件中有直接进行强制腾空的措施或手段，只有2002年公布的《最高人民法院关于审理企业破产案件若干问题的规定》第七十三条规定清算组应当向破产企业的债务人和财产持有人发出书面通知，要求债务人和财产持有人于限定时间向清算组清偿债务或者交付财产。破产企业的债务人和财产持有人有异议的，应当在收到通知后的七日内提出，由人民法院作出裁定。破产企业的债务人和财产持有人在收到通知后既不向清算组清偿债务或者交付财产，又没有正当理由不在规定的异议期内提出异议的，由清算组向人民法院提出申请，经人民法院裁定后强制执行。上述规定，是清算组可以向法院申请裁定后强制执行，而此后2006年公布的《企业破产法》没有了清算组进行破产清算的规定，只有管理人履职的职权，而现在的破产案件均通过指定管理人进行破产清算，缺乏管理人强制腾空或申请法院强制腾空的依据。

考虑到破产案件是概括性地、快速处置公司债权债务，为此，瓯海法院曾根据《最高人民法院关于审理企业破产案件若干问题的规定》中关于清算组申请法院裁定强制执行的精神，在审理某贸易公司破产清算一案中，采用了强制腾空的方式对该企业的厂房进行了腾空。通过现场告知说明、张贴公告的方式告知承租人该出租人已经进入破产程序，该破产财产已经进入拍卖程序，要求承租人在一定期限内进行腾空，并留足承租人腾空需要的合理时间，承租人到期仍不履行的，依法强制执行。同时还向当地的水务集团、电业局发送协助执行通知书，请其依法协助在腾空期限届满后对该处进行停水、停电。在采取强制腾空之前，法院继续一直做承租人的腾空工作，最后承租人在收到限期强制腾空的通知后自觉履行，腾空工作顺利完成。

强制腾空可以加快破产案件审理进程，但当事人抵触情绪较大，操作比较困难，需要借助执行的强制力量，且实施风险较大，处理不当极易引发不良后果。目前关于破产案件中的财产强制腾空措施无明确的相关法律规定，管理人或法院均不轻易采取该强制腾空措施，而事实上直接强制腾空是最直接最有效的措施。

四、破产财产腾空的对策建议

无论是采取带租拍卖后腾空还是诉讼腾空或强制腾空都各有利弊，不能彻底、平和、利益最大化地解决问题。不管是破产企业宣布破产后消失于江湖，还是通过重整、和解后的涅槃重生，对破产财产的腾空处置总是如鲠在喉。如何更好地解决这一问题，结合瓯海法院实践中的经验与做法，提出四点建议。

（一）完善破产财产腾空法律依据

正如前文所述目前破产财产强制腾空并无直接法律依据，破产财产腾空的具体方式、规范、流程都缺乏相关依据，造成实践中的无所适从。此外实践中，如预先支付的租金的债权性质等涉及破产财产腾空的相关法律问题也需要进一步明确。故建议通过修订《企业破产法》或制定相关司法解释完善破产财产腾空的法律依据。一是确定破产财产强制腾空手段的合法性，明确企业进入破产程序后管理人有权决定解除或终止合同、取回债务人财产的权利，并采取强制措施或申请法院采取强制措施；二是规范破产财产腾空的具体操作流程，对破产财产腾空作出限制并进行规范；三是对实践中遇到的相关问题进行搜集和解决，为实践做法提供依据。

（二）破产财产腾空路径的选择

因诉讼腾空周期长、成本高，一般不优先适用；带租拍卖虽能及时变卖破产财产，但会影响租赁物价值，不利于实现债权人利益最大化；而强制腾空又容易引发社会不稳定因素。可见破产财产腾空的各种方式均各有利弊，均不能适用于所有案件，究竟选用何种方式进行腾空需综合考量。结合瓯海法院的实际经验拟提出以下选择路径。

第一，甄别该房产的所有权有无异议。若所有权有异议，则采取诉讼腾空的方式，首先要对该房产的权属性质进行明确，才能进行下一阶段的工作。

第二，甄别该房产的占有是否合法。若所有权无异议，且占有为非法，则可以采取强制腾空的方式直接进行腾空。

第三，实地勘察该房产被占有、使用的情况，综合考虑腾空路径。若该房产所有权无异议，且占有为合法，则需要实地了解该房产被占有、使用的情况。一是该占有使用用途明确，二是使用人员明确，三是该破产财产腾空社会影响的评估。一般情况下对于该种情况可以优先选择带租拍卖的方式对该房产进行处置。但在承租限期较长、承租人涉及人员众多（尤其是涉及弱势群体）、承租人抵触情绪较大的情况下，应注重与当事人各方的协调沟通工作，尽量促成承租人与各债权人达成一致由承租人购买该房产。但若承租人的购买价格无法达到债权人预期，或承租人无力购买该房产，则应及时调整方案，综合评估该房产带租拍卖的可行性、拍卖成交确认后腾空的可操作性。若腾空难度一般，则可以采用带租拍卖后腾空的方式；若腾空难度较大，则应采取强制腾空或诉讼腾空的方式对该房产先腾空后处置，而对于强制腾空或诉讼腾空后再处置的选择则取决于对该次腾空社会影响力的评估，若存在造成较大不良影响的可能性（如涉及较多弱势群体）则可以采用诉讼腾空后处置的方式。

破产财产腾空路径选择见图2。

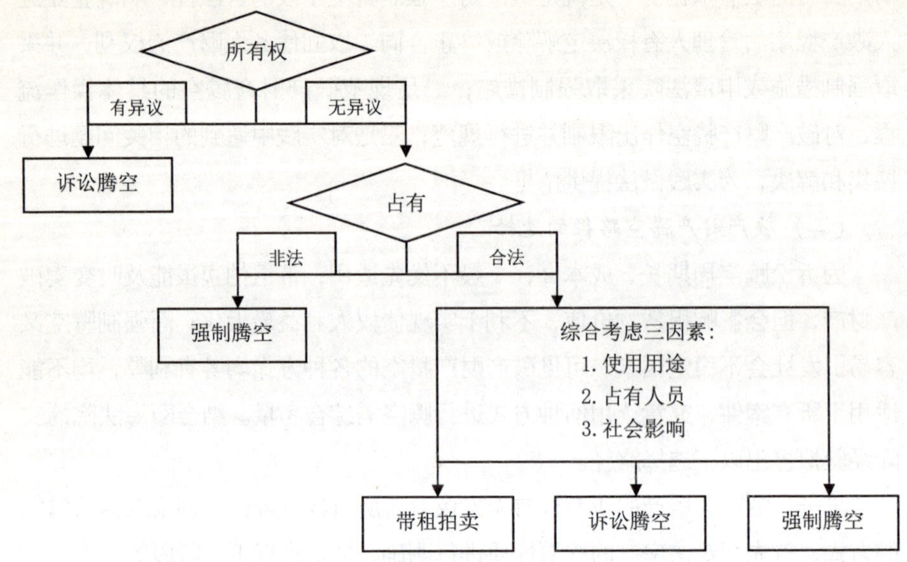

图2　破产财产腾空路径选择

（三）破产财产腾空中应当注意的问题

破产财产的腾空既涉及债权人的利益又涉及承租人的权益以及破产案件的审理进程，问题较多、涉及面较广，在实践中有许多值得注意之处。

一是对时间效率的考量。应注意破产财产腾空的效率，对破产财产及时处置，有效推进破产案件审理进程。二是对处置效果的考量。在破产财产腾空中应当注意该腾空的成本以及腾空效果，以达到破产财产处置价值的最大化。三是对社会影响的考量。应关注破产财产腾空过程中可能涉及的人员，尤其是有弱势群体、当事人人数较多的案件，应控制该腾空的社会影响避免出现不良后果。

总之，在腾空过程中应注意与当事人之间的沟通，包括与承租人的沟通，与债权人的沟通，与债务人的沟通，将法律规定普及给当事人，争取当事人的理解，综合衡量各方当事人的权益，采取最优的腾空方案，以达到腾空矛盾最小化，腾空效果最大化。

（四）腾空力量的引入

因现实问题的复杂性，仅凭单方力量远远不足以解决腾空中的所有问题，应及时引入其他力量协同处理。

1. 利用法院执行强制力量

破产财产腾空主要是管理人依职权进行的工作，但在腾空过程中经常遇到当事人阻碍工作，需要强制性力量进行腾空，而管理人对此往往无能为力。此时管理人需要及时与法院沟通，充分利用法院执行力量。法院应推进执行与破产工作深度融合，将执行力量引入破产案件助力破产财产腾空问题处理，以达到腾空目的快速实现，推进破产案件审理进程。

2. 充分发挥政府职能作用

破产财产处置会涉及方方面面的问题，稍有不慎就会引发社会矛盾，造成不稳定局面，甚至破坏法律在广大人民群众心中的公信力。为推进破产审判和僵尸企业处置工作，温州市瓯海区建立破产审判府院联动机制，通过建立破产审判专项资金、成立瓯海区企业破产风险处置工作领导小组、建立重点风险企业处置领导挂钩制度等一系列举措助力破产审判工作。破产财产腾空中所涉及的维稳问题、产权性质界定问题、拆迁补偿问题、不动产相关证件补办问题等在有了府院联动机制后就可以从错综复杂的大网子变成打包解决的一揽子，极大提高和增强了问题的解决效率和解决效果，推动了破产审判工作的进行。

此外，防患于未然相比亡羊补牢更为重要。政府应加强对房产使用的监管，对于随意改变房产用途、性质等问题要及时处理，做好前端监督工作，避免因不合规定的企业行为导致的一系列后续问题的发生。

参考文献

[1] 王欣新，乔博娟. 破产程序中未到期不动产租赁合同的处理方式[J]. 法学杂志，2015 (3).

[2] 周伟. 论破产管理人对待履行租赁合同的解除权 [J]. 中国律师，2017 (5).

[3] 郑金玉，王嘎利. 破产宣告对租赁合同的效力 [J]. 政法论丛，2003 (4).

[4] 昆明市中级人民法学院，云南大学法学院课题组. 破产财产处置法律制度建构问题研究 [J]. 学术探索，2003 (10).

[新类型疑难案例选评]

柯某锋诉陈某伟股权转让纠纷案

郝绍彬*

【裁判要旨】

对于起诉状陈述的事实反悔，应依据诚实信用原则作出较为合理的解释。股权转让协议及工商登记变更属商事公示要件，当事人没有提供直接证据以证实股权代持的事实，应当承担举证不能的法律后果。

【案件索引】

一审案号：（2018）渝0116民初12967号

二审案号：（2019）渝05民终2637号

【基本案情】

原告（二审被上诉人）：柯某锋。

被告（二审上诉人）：陈某伟。

重庆乐风儿童游乐园有限公司注册资本为300万元人民币，原股东为柯某锋、陈某伟、涂某鑫三人，出资金额分别为150万元、75万元、75万元，出资比例分别为50%、25%、25%。

2018年4月23日，柯某锋（甲方，转让方）与陈某伟（乙方，受让方）

* 作者单位：重庆市第五中级人民法院。

签订《重庆乐风儿童游乐园有限公司股权转让协议》（以下简称《股权转让协议》），约定：甲方将其持有该公司150万元的股权转让给乙方，双方确定的转让价格为人民币40万元，转让款在2018年7月23日以前以现金方式支付，无利息；如到期未能支付，按照未支付金额每月3%向甲方支付违约金，直到付清转让款为止。

重庆乐风儿童游乐园有限公司工商登记信息显示，2018年4月25日，该公司股东发生变更，变更后的股东为陈某伟、涂某鑫，出资金额分别为225万元、75万元，出资比例分别为75%、25%。嗣后，陈某伟未向柯某锋支付转让款。

【审判】

重庆市江津区人民法院审理认为，陈某伟辩称其因受欺诈才与柯某锋签订《股权转让协议》，但未举示证据加以证明，一审法院不予采纳。柯某锋与陈某伟之间签订的《股权转让协议》系双方真实意思表示，不违反法律法规禁止性规定，故依法成立并有效，双方应当全面履行协议。根据上述协议，柯某锋应当将其持有的重庆乐风儿童游乐园有限公司150万元的股权转让给陈某伟，陈某伟应当于2018年7月23日前向柯某锋支付转让款40万元。陈某伟辩称柯某锋、陈某伟及案外人涂某鑫三方约定，柯某锋将其持有的该公司50%的股权分别转让给陈某伟及涂某鑫各25%，转让款为每人20万元，但未举示证据加以证明，一审法院不予采纳。现柯某锋已按约将其持有的该公司150万元的股权全部转让给陈某伟且已办理变更登记，陈某伟应当于2018年7月23日前支付转让款40万元。关于违约金，陈某伟未按时支付转让款已构成违约，应当按照合同约定自逾期之日即2018年7月24日起支付违约金；约定的计算标准月利率3%过分高于实际损失，一审法院酌情调整为中国人民银行同期同类人民币贷款基准利率4倍。

综上所述，陈某伟应当支付柯某锋股权转让款40万元并支付相应违约金。一审法院判决如下：1. 陈某伟在一审判决生效之日起十日内支付柯某锋股权转让款40万元；2. 陈某伟在一审判决生效之日起十日内支付柯某锋违约金（以40万元为基数，按中国人民银行同期同类人民币贷款基准利率4倍，自2018年7月24日起计算至付清之日止）；3. 驳回柯某锋的其他诉讼请求。

陈某伟不服一审判决，向重庆市第五中级人民法院提起上诉。

二审中，陈某伟为证实其上诉主张，举示了九份证据，其中主要证据系一审时柯某锋提交的首次民事起诉状中陈述有关“柯某锋股权150万元作价40万元分别转让给陈某伟、涂某鑫，其中涂某鑫的75万元股权由陈某伟代持”及“陈某伟、涂某鑫分别向柯某锋出具了20万元借条”的事实构成自认，以证实其为案外人涂某鑫代持75万元股权的事实。二审法院依职权通知案外人涂某鑫到庭出证，并接受了陈某伟、柯某锋的询问。

二审法院审理后认为，本案系股权转让纠纷，柯某锋、陈某伟签订股权转让协议并作了工商变更登记，双方对转让总股权、作价金额等无异议。针对本案陈某伟是否代持案外人涂某鑫的75万元股权这一核心争议，根据查明事实，认定一审并未因漏列诉讼主体导致事实不清，柯某锋在一审中变更诉讼请求后对首次起诉状中陈述的事实不构成自认，陈某伟对股权代持的事实应当承担举证责任，陈某伟上诉的其他事实与股权转让纠纷不具有关联性，故陈某伟的上诉理由不能成立，其上诉请求应予驳回。重庆五中院二审判决驳回上诉，维持原判。

［评析］

对于起诉状陈述的事实反悔须有正当理由

股权转让协议及工商登记变更属商事公示要件，陈某伟要证明其为案外人代持股权必须提供证据加以证实，在柯某锋对于起诉状陈述的事实能够作出较为合理解释而反悔的情况下，依据诚实信用原则，其应当成为司法审查的重点。主要理由有三点。

一、当事人变更诉讼请求及追加诉讼参与人应符合法定程序

陈某伟上诉认为漏列了诉讼主体导致事实不清，实质系其认为替涂某鑫代持75万元股权的事实没有查清。

首先，柯某锋一审中变更诉讼请求有合法依据。《民事诉讼法》第十三条规定，民事诉讼应当遵循诚实信用原则。当事人有权在法律规定的范围内处分自己的民事权利和诉讼权利。第五十一条规定，原告可以放弃或者变更诉讼请求。被告可以承认或者反驳诉讼请求，有权提起反诉。第一百四十条规定，原告增加诉讼请求，被告提出反诉，第三人提出与本案有关的诉讼请求，可以合

并审理。《最高人民法院关于适用〈中华人民共和国民事诉讼法〉的解释》第二百三十二条规定，在案件受理后，法庭辩论结束前，原告增加诉讼请求，被告提出反诉，第三人提出与本案有关的诉讼请求，可以合并审理的，人民法院应当合并审理。因此，原告针对其诉请的法律关系性质、民事行为效力变更的，在一审辩论结束前有权自由作出是否变更诉讼请求的决定。柯某锋在一审庭审过程中变更诉讼请求，将原来起诉陈某伟、涂某鑫两人变更为只起诉陈某伟一人，撤回了对案外人涂某鑫的起诉，原要求陈某伟、涂某鑫两人分别支付20万元及利息变为只要求陈某伟一人支付40万元本金及利息，其变更诉讼请求的行为系其对民事权利及诉讼权利的处分，一审法院裁定同意柯某锋变更诉讼请求及撤回对涂某鑫的起诉符合法律规定。

其次，陈某伟没有明确提出追加案外人涂某鑫为一审诉讼的第三人属其诉讼权利处分。《最高人民法院关于适用〈中华人民共和国民事诉讼法〉的解释》第七十三条规定，必须共同进行诉讼的当事人没有参加诉讼的，人民法院应当依照《民事诉讼法》第一百三十二条的规定，通知其参加；当事人也可以向人民法院申请追加。人民法院对当事人提出的申请，应当进行审查，申请理由不成立的，裁定驳回；申请理由成立的，书面通知被追加的当事人参加诉讼。本案中，陈某伟在一审中对柯某锋变更诉讼请求提出了明确异议，但并没有向法院明确表达追加案外人涂某鑫为诉讼第三人的意思表示，应视为陈某伟对其诉讼权利的处分。

最后，一审法院根据查明案情未追加案外人涂某鑫为诉讼参与人有正当理由。如果追加案外人涂某鑫为本案诉讼查明事实所必需，则一审法院当依职权追加。柯某锋在一审中撤回对案外人涂某鑫的起诉后，陈某伟并没有以首次起诉状中有关“柯某锋股权150万元作价40万元分别转让给陈某伟、涂某鑫，其中涂某鑫的75万元股权由陈某伟代持”及“陈某伟、涂某鑫分别向柯某锋出具了20万元借条”的自认事实对柯某锋的起诉进行反驳，而只是以其签订转让协议受到欺诈为由加以抗辩，并没有提供有代持的相关证据。故一审法院准许申请人撤回对案外人涂某鑫的起诉并无不当。一审法院根据查明案情，认为不必追加涂某鑫为必要共同诉讼参与人并无不当。

二、对首次起诉状中陈述事实反悔应依据诚信原则加以审查

二审中陈某伟以柯某锋首次起诉状陈述的事实构成自认为由，反驳柯某锋

诉请并证实其代持案外人涂某鑫股权的事实。首次起诉状柯某锋所陈述的事实能否反悔，应当依据诚实信用原则对此加以审查。

首先，陈某伟引用起诉状陈述事实作为柯某锋自认加以抗辩无须举证。《最高人民法院关于适用〈中华人民共和国民事诉讼法〉的解释》第九十二条规定，一方当事人在法庭审理中，或者在起诉状、答辩状、代理词等书面材料中，对于己不利的事实明确表示承认的，另一方当事人无须举证证明。对于涉及身份关系、国家利益、社会公共利益等应当由人民法院依职权调查的事实，不适用前款自认的规定。自认的事实与查明的事实不符的，人民法院不予确认。《最高人民法院关于民事诉讼证据的若干规定》第七十四条规定，诉讼过程中，当事人在起诉状、答辩状、陈述及其委托代理人的代理词中承认的对己方不利的事实和认可的证据人民法院应当予以确认，但当事人反悔并有相反证据足以推翻的除外。柯某锋提交的首次起诉状在一审中已经存在，但陈某伟在一审中没有将其陈述事实作为自认依据予以反驳。本案中，陈某伟引用起诉状陈述事实作为柯某锋自认，结合二审中陈某伟、柯某锋的陈述及案外人涂某鑫出庭作证证言，可以得出签订转让协议前三人达成了柯某锋转让150万元股权给陈某伟、涂某鑫，涂某鑫的75万元股权由陈某伟代持的合意，而陈某伟、涂某鑫在协议签订前分别向柯某锋出具了20万元借条即是该合意的间接证明，但该合意并未形成书面协议加以固定，尤其是陈某伟所主张的替案外人涂某鑫代持75万元股权无书面代持协议。柯某锋150万元股权转让并工商变更登记至陈某伟后，涂某鑫对陈某伟为其代持75万元表示反悔，柯某锋及涂某鑫认为股权书面转让协议视为对原来三人合意的变更，即原来的初步协商被书面协议所替代，且柯某锋在一审就变更了诉讼请求，并认为系误认而非自认，故仅凭首次起诉状陈述事实作为柯某锋自认加以抗辩，在案外人涂某鑫对代持股权加以否认的情况下，不足以证实陈某伟与案外人涂某鑫存在股权代持关系。《最高人民法院关于民事诉讼证据的若干规定》第七十三条规定，双方当事人对同一事实分别举出相反的证据，但都没有足够的依据否定对方证据的，人民法院应当结合案件情况，判断一方提供证据的证明力是否明显大于另一方提供证据的证明力，并对证明力较大的证据予以确认。陈某伟举示的证据不足以推翻转让协议及工商登记的证明力，陈某伟还需要对其代持案外人涂某鑫的股权事实继续承担举证责任。

其次，柯某锋对首次起诉陈述事实反悔作出了较为合理的解释。根据本案查明的事实，2018年4月23日柯某锋与陈某伟就签订了《股权转让协议》，将柯某锋名下的重庆乐风儿童游乐园有限公司50%的股权（对应转让额150万元）作价40万元转让给了陈某伟，并于2018年4月25日办理了工商变更登记，该登记具有对外的公示效力。2018年10月30日，柯某锋因没有收到陈某伟、涂某鑫的转让款而起诉，该起诉首次起诉状中陈述了有关“柯某锋股权150万元作价40万元分别转让给陈某伟、涂某鑫，其中涂某鑫的75万元股权由陈某伟代持”及“陈某伟、涂某鑫分别向柯某锋出具了20万元借条”的事实，陈某伟在一二审中均认可柯某锋首次起诉陈述的事实及理由，实质是陈某伟认可其为涂某鑫代持75万元股权属实。柯某锋对于变更诉讼请求后以“第一次起诉的时候，因为手上有借条的照片。担心是代持可以先列明主体，如果不是代持，就以事实为准，所以在查明事实后，就误认的事实进行了纠正”为由，即起诉时是因为看到了借条产生的误认，以此撤回原来的陈述事实，其实质是以股权转让书面协议替代了原来的三人协商合意，且与案外人涂某鑫作证的反悔代持及无代持协议相印证，即柯某锋对首次起诉陈述事实反悔并有相反证据足以推翻原来陈述的事实。

最后，法院采信推翻首次起诉状中所陈述的事实必须遵守诚信原则。《合同法》第六条规定，当事人行使权利、履行义务应当遵循诚实信用原则。该原则要求当事人在订立、履行合同都要诚实、讲信用、相互协作。本案中，当事人在二审庭审中的陈述与一审时首次起诉状中所陈述的事实相矛盾，但庭审中辩解称借条系协商《股权转让协议》并为保证协议履行所签，并在得知陈某伟没有代持股权后及时作出了变更诉讼请求，其解释的理由足以推翻首次起诉状中所陈述的事实，故二审法院采信柯某锋当庭所作的与一审时首次起诉状中所陈述的事实相反的陈述，并不违反诚实信用原则。

三、当事人主张有股权代持的事实须依法承担举证证明责任

转让股权协议及工商登记属商事公示要件，当事人没有提供直接证据以证实股权代持的事实，应当承担举证不能的法律后果。《民事诉讼法》第六十四条规定，当事人对自己提出的主张，有责任提供证据。《最高人民法院关于民事诉讼证据的若干规定》第二条规定，当事人对自己提出的诉讼请求所依据的事实或者反驳对方诉讼请求所依据的事实有责任提供证据加以证明。没有证据或者证据不足以证明当事人的事实主张的，由负有举证责任的当事人承担不

利后果。

陈某伟在一二审中主张其与涂某鑫有股权代持关系，在转让人柯某锋、案外人涂某鑫对此予以否认且事实上无书面代持协议的情况下，必须提供证据证实其代持股权的事实客观存在。本案中，柯某锋转让股权给陈某伟的协议与工商变更登记一致，即具有对外的公示效力。如果被转让的股权在股东之间存在隐名代持的情况，并不为法律所禁止，但当事人代持股权必须有直接的代持协议或具有代持关系的当事人所直接认可。陈某伟上诉称与涂某鑫有股权代持关系，但并未直接举示出双方有代持协议或被代持人认可等证据加以证实，故应由陈某伟承担举证不能的法律后果。

江阴华中公司诉福建龙岩公司、紫金亿丰公司合同纠纷案

齐晓丹[*] 张 清[**]

【裁判要旨】

契约自由及意思自治是民法的基本精神，债权人与担保人既约定了担保责任亦约定了在一定条件下担保人单独承担违约责任，该约定系双方合意的结果，在不违反法律行政法规强制性规定的情况下，应当认定为有效，各方应该严格按照合同履行各自的权利和义务。违约责任以补偿性为原则，以惩罚性为辅助，以填补损失为目的。虽然上述违约责任条款合法有效，但如果担保责任已足以弥补债权人的实际损失，债权人另行要求担保人承担违约责任的，法院不予支持。

---

* 北京市第三中级人民法院民一庭副庭长，法学博士。

** 北京市第三中级人民法院民三庭法官助理。

【案件索引】

一审：（2016）京03民初135号（已生效）

【基本案情】

2015年12月8日，江阴华中公司与渤海信托公司签订《紫金亿丰单一资金信托合同》，渤海信托公司将信托资金运用于向江阴华中公司指定的借款人紫金亿丰公司提供贷款3.5亿元。由保证人福建龙岩公司为紫金亿丰公司的信托贷款3.5亿元提供不可撤销连带责任保证担保。同日，紫金亿丰公司与渤海信托公司签订《信托贷款合同》，紫金亿丰公司向渤海信托公司借款3.5亿元用于补充其流动资金。

2015年12月8日，江阴华中公司与福建龙岩公司、紫金亿丰公司签订《差额补足协议》。江阴华中公司通过信托计划向紫金亿丰公司发放贷款3.5亿元，用于认购方正富邦紫金定增1号资管计划。福建龙岩公司就资管计划（全部股票市值）向江阴华中公司承担差额补足义务。福建龙岩公司不可撤销地承诺将履行资金追加义务（含资管计划全部股票市值触及预警线或止损线后的补仓义务）和资管计划到期清算时对甲方在《信托贷款合同》项下全部本金的差额补足义务。福建龙岩公司承诺追加的资金仅用于提高资管计划整体净值，用于保障甲方在《信托贷款合同》项下的全部本金。福建龙岩公司未按照约定及时、足额追加资金以履行差额补足义务的，需承担相应的违约责任。如福建龙岩公司未在3个工作日内按照紫金亿丰公司通知的金额向江阴华中公司指定的账户足额划付资金的，则每逾期一日支付，福建龙岩公司应按每日千分之一向江阴华中公司支付违约金。福建龙岩公司应向江阴华中公司支付的违约金金额的具体计算公式如下：违约金金额 = 《信托贷款合同》项下全部贷款本金 × 1‰ × 违约天数。其中，违约天数自福建龙岩公司应当支付补足金额之日（含）起至福建龙岩公司实际支付补足金额之日（不含）为止。

2015年12月9日，北京市中信公证处出具（2015）京中信内经证字65694号公证书赋予《信托贷款合同》强制执行效力。2017年3月17日，北京市中信公证处出具（2017）京中信执字00367号执行证书，确定以下执行事项：1. 被执行人。被执行人为紫金亿丰公司、福建龙岩公司等。2. 执行标的。（1）本金3.5亿元；（2）自2015年12月10日起至本金清偿之日止的固定部分利息［根据《信托贷款合同》第四条的约定计算，计算公式为：贷款期间前36个月按照年利率13.28%计算，即3.5亿元×（0.28%+13%）×天数/360，以及满36个月后按照年利率为16.28%计算，即每笔贷款本金余额×16.28%×该笔贷款实际存续天数（即该笔贷款满三年之日至该笔贷款到期之日止的天数）/360］；（3）自2016年12月10日起至借款人足额交付本息和对应当期罚息之日（不含）止的罚息（根据《信托贷款合同》第四条、第十条的约定计算，计算公式为：尚欠的贷款本金×0.1%×天数）。3. 责任范围。（1）紫金亿丰公司作为借款人，应就上述债务向渤海信托公司承担清偿责任；（2）福建龙岩公司等作为保证担保人，应就上述债务向渤海信托公司承担连带保证担保责任。

2017年7月12日，北京市第二中级人民法院作出（2017）京02执349号执行裁定书，裁定：冻结、划拨被执行人紫金亿丰公司、福建龙岩公司等银行存款本金人民币3.5亿元及固定部分利息［自2015年12月10日起至本金清偿之日止，根据《信托贷款合同》第四条的约定计算，计算公式为：贷款期间前36个月按照年利率13.28%计算，即3.5亿元×（0.28%+13%）×天数/360，以及满36个月后按照年利率为16.28%计算，即每笔贷款本金余额×16.28%×该笔贷款实际存续天数（即该笔贷款满三年之日至该笔贷款到期之日止的天数）/360］、罚息［自2016年12月10日起至借款人足额交付本息和对应当期罚息之日（不含）止，根据《信托贷款合同》第四条、第十条的约定计算，计算公式为：尚欠的贷款本金×0.1%×天数］，并加倍支付迟延履行期间债务利息的相应银行存款。江阴华中公司称，目前（2017）京02执349号执行裁定书未执行回任何财产。

江阴华中公司在本案中的诉讼请求：判令福建龙岩公司和紫金亿丰公司共同向江阴华中公司支付未履行差额不足义务的违约金8715万元。

【审判】

北京市第三中级人民法院认为，《差额补足协议》与《信托贷款合同》存在关联关系，针对的是同一笔借贷款项，《差额补足协议》实际上是一种变相担保。北京市中信公证处出具（2017）京中信执字00367号执行证书、北京市第二中级人民法院作出（2017）京02执349号执行裁定书确定的赔偿范围，已经足以弥补江阴华中公司的损失。在江阴华中公司未举证证明其有其他损失的情形下，江阴华中公司以执行证书、执行裁定书尚未执行完毕、执行存在不确定性为由，主张福建龙岩公司、紫金亿丰公司在执行证书、执行裁定书之外再承担违约责任，于法无据，有违公平原则。法院判决：驳回江阴华中公司的全部诉讼请求。宣判后，各方当事人均服从一审判决，未提起上诉。

［评析］

担保人承担主债务之外的违约责任的司法审查

本案值得探讨的问题：债权人、债务人与担保人已对担保责任有明确约定，另又签订变相担保合同约定了担保人的违约责任，担保人在承担担保责任之外是否还要承担违约责任。

一、担保合同具有从属性、要式性和保证性的特征

债的担保是指债的双方当事人为了保证债权的实现、债务的履行，债务人向债权人作出的具有法律意义的保证措施。设立债的担保的目的，实质是为了增加债权的安全系数，起到补充性和预防性作用。[①] 债的担保分为债的物权性担保和债权性担保。债权性质担保，实践中以保证合同和定金合同最为突出。但是市场交易存在多样性和复杂性，担保合同也形式多样，亦存在当事人设计合同条款规避或加重法律责任的情形。

认定担保合同的实质要件：一是须以主债务合同有效存在为前提，担保债务因主债务之消灭而消灭。担保债务的范围及强度，不能超过主债务。担保债务存在一对多、多对一及多对多等形式，一个主债务合同有多个担保合同，一个担保合同担保多个主债务，亦存在多个担保合同共同担保多个主债务，等等。二是担保人与债权人应当以书面形式订立担保合同。担保人承保的意思表示与债权人接受担保的意思表示必须一致，担保合同才能成立。三是担保合同以担保债权实现为目的，并不追求经济利益的实现。担保人在担保合同中只负有给付义务而不享有任何相对应的权利，主债权人只享有权利而对担保人不负担任何的给付对价义务。

① 江平主编：《民法学》，中国政法大学出版社2011年版，第428页。

二、《差额补足协议》实际上是另一种形式的变相担保

本案中，江阴华中公司作为委托人/受益人与渤海信托公司作为受托人签订《紫金亿丰单一资金信托合同》，约定由受托人按照委托人的意愿，以受托人的名义，将信托资金运用于向委托人指定的借款人紫金亿丰公司提供贷款3.5亿元。同日，紫金亿丰公司作为借款人与渤海信托公司作为贷款人签订《信托贷款合同》，保证人福建龙岩公司与渤海信托公司签订《担保合同》就《信托贷款合同》中紫金亿丰公司的债务向渤海信托公司承担连带保证责任。根据上述事实，法院认定江阴华中公司与紫金亿丰公司之间成立民间借贷的主债务法律关系。福建龙岩公司为担保人，承担担保责任。本案主债务合同是《信托贷款合同》，从合同是《担保合同》。

在签订上述合同后，江阴华中公司与福建龙岩公司、紫金亿丰公司又签订《差额补足协议》。其中约定：鉴于江阴华中公司向紫金亿丰公司发放贷款3.5亿元，福建龙岩公司承诺将履行资金追加义务和资管计划到期清算时对江阴华中公司在《信托贷款合同》项下全部本金的差额补足义务；福建龙岩公司承诺追加资金用于提高资管计划整体净值，用于保障江阴华中公司在《信托贷款合同》项下的全部本金。值得探讨的是《差额补足协议》的性质认定，有观点认为《差额补足协议》是一种无名合同，双方应按照约定履行各自的权利义务；另有观点认为《差额补足协议》是保证合同，福建龙岩公司对主债务合同《信托贷款合同》项下的本金承担保证责任。法院认为，《差额补足协议》与《信托贷款合同》是相互关联的合同，并非完全排他的一份独立合同，《差额补足协议》约定的本质和目的就是要保障江阴华中公司放贷给紫金亿丰公司3.5亿元的资金安全。在渤海信托公司与紫金亿丰公司签订《信托贷款合同》时，福建龙岩公司已经签订了《担保合同》就债务进行了担保，福建龙岩公司又与江阴华中公司、紫金亿丰公司签订《差额补足协议》，实际上是另一种形式的变相担保。

三、担保人承担担保责任外应否继续承担违约责任

债权人在主债务合同中约定了本金、利息及罚息，保证合同中担保人对上述本金、利息及罚息承担连带保证责任；同时亦在具有担保性质的《差额补足协议》中对担保人另行约定了与罚息相同标准的违约金。担保人在主债务

之外是否还应当承担违约责任，对此存在不同观点。

观点一认为：基于担保合同从属性及公平原则，担保人不应承担违约责任。第一，担保合同具有从属性，附属于主债务合同，担保责任的范围及强度不能超过主债务的范围及强度。第二，担保人承担违约责任有违公平原则。首先，担保人承担担保责任超过主债务的部分无法向债务人追偿，担保人额外增大了债务。其次，不论是赔偿性违约金还是惩罚性违约金，根本目的在于补偿损失。出借人遭受的损失已经在主债务合同或保证合同中得到弥补，另行约定担保人承担违约金，使得出借人可能因违约责任而获益。在彭某与刘某等民间借贷纠纷案①中，一审法院认为保证合同约定的违约金条款不违反法律强制性规定，故予以支持；但因违约金过高，故酌定调整违约金数额。但二审法院认为，保证责任的范围及强度以主债务为限，一审法院判决保证人在主债务之外承担违约责任对保证人产生不公平的结果，故予以纠正。在中国农业银行股份有限公司白城分行与白城东佳谷物综合开发有限公司、洮南市东佳矿业有限公司等金融借款合同纠纷一案②中，生效判决认为担保人在担保责任之外另行承担违约责任，根本上背离了我国担保制度的本质及法律价值。保证人已经对涉案主债务承担了完全的担保责任，故不应再承担违约责任。

观点二认为：基于契约自由精神，担保人应按照合同约定承担违约责任。第一，契约自由及意思自治是民法基本精神。债权人与担保人既约定了担保责任亦约定了违约责任，系双方合意的结果。在不违反法律强制性规定的情况下，应当认定为有效。各方应该严格按照合同履行各自的权利和义务。第二，担保责任与违约责任并存并非必然导致主债权人获得额外利益。

观点三认为：违约金条款系合法有效，但担保人违约责任的承担以实际损失为基础，根据公平原则综合考量认定。第一，依法成立的合同，对当事人具有法律约束力。违约金条款作为合同一部分，亦属于合同严守原则的当然要求。第二，违约责任以补偿性为原则，以惩罚性为辅助，以填补损失为目的。虽然违约责任条款合法有效，但如果担保责任已足以弥补债权人实际损失的情况下，债权人要求担保人另行单独承担违约责任的，显然有失公平。在北京京城国际融资租赁有限公司与湖北襄阳丰禾盛粮油有限公司等融资租赁合同纠纷

① 成都市中级人民法院（2014）成民终字第5894号民事判决书。

② 吉林省高级人民法院（2016）吉民终527号民事判决书。

一案[①]中，债权人要求保证人对债务人在《融资租赁合同》中所负的全部债务承担连带保证责任之外还另行支付20%的违约金有违公平原则，确属过高，故法院对此不予支持。

本文认同第三种观点。本案中，《差额补足协议》与《信托贷款合同》存在关联关系，针对的是同一笔借贷款项，《差额补足协议》实际上是一种变相担保。因此，在确定福建龙岩公司、紫金亿丰公司违约责任时，应当通盘考虑江阴华中公司的贷款损失以及福建龙岩公司、紫金亿丰公司承担责任的情况。北京市中信公证处出具（2017）京中信执字00367号执行证书、北京市第二中级人民法院作出（2017）京02执349号执行裁定书确定紫金亿丰公司向渤海信托公司承担清偿责任、福建龙岩公司承担连带担保责任，责任范围包括本金3.5亿元及利息和罚息，其中利息和罚息的年利率之和接近50%。《最高人民法院关于审理民间借贷案件适用法律若干问题的规定》第三十条规定："出借人与借款人既约定了逾期利率，又约定了违约金或者其他费用，出借人可以选择主张逾期利息、违约金或者其他费用，也可以一并主张，但总计超过年利率24%的部分，人民法院不予支持。"《最高人民法院关于适用〈中华人民共和国合同法〉若干问题的解释（二）》第二十九条规定："当事人主张约定的违约金过高请求予以适当减少的，人民法院应当以实际损失为基础，兼顾合同的履行情况、当事人的过错程度以及预期利益等综合因素，根据公平原则和诚实信用原则予以衡量，并作出裁决。"故法院认为，另案生效法律文书确定的债权已经足以弥补江阴华中公司的损失。在主债权人实际损失已经得到生效法律文书支持的情况下，本案《差额补足协议》约定的担保人承担违约责任，显然会使债权人获得更大利益并额外加重担保人的责任，有失公允，应不予支持。

① 北京市第三中级人民法院（2015）三中民（商）初字第14396号民事判决书。

[最新立法司法动态]

民法典各分编（草案）征求意见（八）

第十六章 承揽合同

第五百五十三条 承揽合同是承揽人按照定作人的要求完成工作，交付工作成果，定作人给付报酬的合同。

承揽包括加工、定作、修理、复制、测试、检验等工作。

第五百五十四条 承揽合同的内容包括承揽的标的、数量、质量、报酬、承揽方式、材料的提供、履行期限、验收标准和方法等条款。

第五百五十五条 承揽人应当以自己的设备、技术和劳力，完成主要工作，但是当事人另有约定的除外。

承揽人将其承揽的主要工作交由第三人完成的，应当就该第三人完成的工作成果向定作人负责；未经定作人同意的，定作人也可以解除合同。

第五百五十六条 承揽人可以将其承揽的辅助工作交由第三人完成。承揽人将其承揽的辅助工作交由第三人完成的，应当就该第三人完成的工作成果向定作人负责。

第五百五十七条 承揽人提供材料的，承揽人应当按照约定选用材料，并接受定作人检验。

第五百五十八条 定作人提供材料的，定作人应当按照约定提供材料。承揽人对定作人提供的材料，应当及时检验，发现不符合约定时，应当及时通知定作人更换、补齐或者采取其他补救措施。

承揽人不得擅自更换定作人提供的材料，不得更换不需要修理的零部件。

第五百五十九条 承揽人发现定作人提供的图纸或者技术要求不合理的，应当及时通知定作人。因定作人怠于答复等原因造成承揽人损失的，应当赔偿损失。

第五百六十条 定作人中途变更承揽工作的要求，造成承揽人损失的，应当赔偿损失。

第五百六十一条 承揽工作需要定作人协助的，定作人有协助的义务。定作人不履行协助义务致使承揽工作不能完成的，承揽人可以催告定作人在合理期限内履行义务，并可以顺延履行期限；定作人逾期不履行的，承揽人可以解除合同。

第五百六十二条 承揽人在工作期间，应当接受定作人必要的监督检验。定作人不得因监督检验妨碍承揽人的正常工作。

第五百六十三条 承揽人完成工作的，应当向定作人交付工作成果，并提交必要的技术资料和有关质量证明。定作人应当验收该工作成果。

第五百六十四条 承揽人交付的工作成果不符合质量要求的，定作人可以要求承揽人承担修理、重作、减少报酬、赔偿损失等违约责任。

第五百六十五条 定作人应当按照约定的期限支付报酬。对支付报酬的期限没有约定或者约定不明确，依照本法第三百零一条的规定仍不能确定的，定作人应当在承揽人交付工作成果时支付；工作成果部分交付的，定作人应当相应支付。

第五百六十六条 定作人未向承揽人支付报酬或者材料费等价款的，承揽人对完成的工作成果享有留置权或者有权拒绝交付，但是当事人另有约定的除外。

第五百六十七条 承揽人应当妥善保管定作人提供的材料以及完成的工作成果，因保管不善造成毁损、灭失的，应当承担损害赔偿责任。

第五百六十八条 承揽人应当按照定作人的要求保守秘密，未经定作人许可，不得留存复制品或者技术资料。

第五百六十九条 共同承揽人对定作人承担连带责任，但是当事人另有约定的除外。

第五百七十条 定作人在承揽人完成工作前可以随时解除承揽合同，造成承揽人损失的，应当赔偿损失。

第十七章　建设工程合同

第五百七十一条　建设工程合同是承包人进行工程建设，发包人支付价款的合同。

建设工程合同包括工程勘察、设计、施工合同。

第五百七十二条　建设工程合同应当采用书面形式。

第五百七十三条　建设工程的招标投标活动，应当依照有关法律的规定公开、公平、公正进行。

第五百七十四条　发包人可以与总承包人订立建设工程合同，也可以分别与勘察人、设计人、施工人订立勘察、设计、施工承包合同。发包人不得将应当由一个承包人完成的建设工程肢解成若干部分发包给几个承包人。

总承包人或者勘察、设计、施工承包人经发包人同意，可以将自己承包的部分工作交由第三人完成。第三人就其完成的工作成果与总承包人或者勘察、设计、施工承包人向发包人承担连带责任。承包人不得将其承包的全部建设工程转包给第三人或者将其承包的全部建设工程肢解以后以分包的名义分别转包给第三人。

禁止承包人将工程分包给不具备相应资质条件的单位。禁止分包单位将其承包的工程再分包。建设工程主体结构的施工必须由承包人自行完成。

第五百七十五条　国家重大建设工程合同，应当按照国家规定的程序和国家批准的投资计划、可行性研究报告等文件订立。

第五百七十六条　建设工程施工合同无效，但是建设工程经竣工验收合格的，承包人可以请求参照合同的约定支付工程价款。

建设工程施工合同无效，且建设工程经竣工验收不合格的，按照以下情形处理：

（一）修复后的建设工程经竣工验收合格的，发包人可以要求承包人承担修复费用；

（二）修复后的建设工程经竣工验收不合格的，承包人不能要求支付工程价款。

发包人对因建设工程不合格造成的损失有过错的，应当承担相应的责任。

第五百七十七条　勘察、设计合同的内容包括提交有关基础资料和文件

（包括概预算）的期限、质量要求、费用以及其他协作条件等条款。

第五百七十八条 施工合同的内容包括工程范围、建设工期、中间交工工程的开工和竣工时间、工程质量、工程造价、技术资料交付时间、材料和设备供应责任、拨款和结算、竣工验收、质量保修范围和质量保证期、相互协作等条款。

第五百七十九条 建设工程实行监理的，发包人应当与监理人采用书面形式订立委托监理合同。发包人与监理人的权利和义务以及法律责任，应当依照本编委托合同以及其他有关法律、行政法规的规定。

第五百八十条 发包人在不妨碍承包人正常作业的情况下，可以随时对作业进度、质量进行检查。

第五百八十一条 隐蔽工程在隐蔽以前，承包人应当通知发包人检查。发包人没有及时检查的，承包人可以顺延工程日期，并有权要求赔偿停工、窝工等损失。

第五百八十二条 建设工程竣工后，发包人应当根据施工图纸及说明书、国家颁发的施工验收规范和质量检验标准及时进行验收。验收合格的，发包人应当按照约定支付价款，并接收该建设工程。建设工程竣工经验收合格后，方可交付使用；未经验收或者验收不合格的，不得交付使用。

第五百八十三条 建设工程未经竣工验收，发包人擅自使用的，除存在违反法律、行政法规强制性规定的情形以外，视为工程质量验收合格，但是承包人应当在建设工程的合理使用期限内对地基基础工程和主体结构质量承担责任。

第五百八十四条 当事人对建设工程实际竣工日期有争议的，按照以下情形分别处理：

（一）建设工程经竣工验收合格的，以竣工验收合格之日为竣工日期；

（二）承包人已经提交竣工验收报告，发包人未在约定期限或者合理期限内验收的，以承包人提交验收报告之日为竣工日期；

（三）建设工程未经竣工验收，发包人擅自使用的，以转移占有建设工程之日为竣工日期。

第五百八十五条 勘察、设计的质量不符合要求或者未按照期限提交勘察、设计文件拖延工期，造成发包人损失的，勘察人、设计人应当继续完善勘察、设计，减收或者免收勘察、设计费并赔偿损失。

第五百八十六条 因施工人的原因致使建设工程质量不符合约定的，发包人有权要求施工人在合理期限内无偿修理或者返工、改建。经过修理或者返工、改建后，造成逾期交付的，施工人应当承担违约责任。

第五百八十七条 因承包人的原因致使建设工程在合理使用期限内造成人身损害和财产损失的，承包人应当承担损害赔偿责任。

第五百八十八条 发包人未按照约定的时间和要求提供原材料、设备、场地、资金、技术资料的，承包人可以顺延工程日期，并有权要求赔偿停工、窝工等损失。

第五百八十九条 因发包人的原因致使工程中途停建、缓建的，发包人应当采取措施弥补或者减少损失，赔偿承包人因此造成的停工、窝工、倒运、机械设备调迁、材料和构件积压等损失和实际费用。

第五百九十条 因发包人变更计划，提供的资料不准确，或者未按照期限提供必需的勘察、设计工作条件而造成勘察、设计的返工、停工或者修改设计，发包人应当按照勘察人、设计人实际消耗的工作量增付费用。

第五百九十一条 承包人将建设工程转包、违法分包的，发包人可以解除合同。

发包人提供的主要建筑材料、建筑构配件和设备不符合强制性标准或者不履行协助义务，致使承包人无法施工，且在催告的合理期限内仍未履行相应义务的，承包人可以解除合同。

合同解除后，已经完成的建设工程质量合格的，发包人应当按照约定支付相应的工程价款；已经完成的建设工程质量不合格的，参照本法第五百七十六条的规定处理。

第五百九十二条 发包人未按照约定支付价款的，承包人可以催告发包人在合理期限内支付价款。发包人逾期不支付的，除按照建设工程的性质不宜折价、拍卖的以外，承包人可以与发包人协议将该工程折价，也可以申请人民法院将该工程依法拍卖。建设工程的价款就该工程折价或者拍卖的价款优先受偿。

第五百九十三条 本章没有规定的，适用承揽合同的有关规定。

第十八章　运输合同

第一节　一般规定

第五百九十四条　运输合同是承运人将旅客或者货物从起运地点运输到约定地点，旅客、托运人或者收货人支付票款或者运输费用的合同。

第五百九十五条　从事公共运输的承运人不得拒绝旅客、托运人通常、合理的运输要求。

第五百九十六条　承运人应当在约定期间或者合理期间内将旅客、货物安全运输到约定地点。

第五百九十七条　承运人应当按照约定的或者通常的运输路线将旅客、货物运输到约定地点。

第五百九十八条　旅客、托运人或者收货人应当支付票款或者运输费用。承运人未按照约定路线或者通常路线运输增加票款或者运输费用的，旅客、托运人或者收货人可以拒绝支付增加部分的票款或者运输费用。

第二节　客运合同

第五百九十九条　客运合同自承运人向旅客交付客票时成立，但是当事人另有约定或者另有交易习惯的除外。

第六百条　旅客应当持有效客票乘运。旅客无票乘运、超程乘运、越级乘运或者持失效客票乘运的，应当补交票款，承运人可以按照规定加收票款。旅客不交付票款的，承运人可以拒绝运输。

实名制客运合同的旅客丢失客票的，可以要求承运人挂失补办，承运人不得再次收取票款。

第六百零一条　旅客因自己的原因不能按照客票记载的时间乘坐的，应当在约定的时间内办理退票或者变更手续。逾期办理的，承运人可以不退票款，并不再承担运输义务。

第六百零二条　旅客在运输中应当按照约定的限量携带行李。超过限量携带行李的，应当办理托运手续。

第六百零三条　旅客不得随身携带或者在行李中夹带易燃、易爆、有毒、有腐蚀性、有放射性以及有可能危及运输工具上人身和财产安全的危险物品或者其他违禁物品。

旅客违反前款规定的，承运人可以将违禁物品卸下、销毁或者送交有关部门。旅客坚持携带或者夹带违禁物品的，承运人应当拒绝运输。

第六百零四条 承运人应当向旅客及时告知有关不能正常运输的重要事由和安全运输应当注意的事项。旅客对承运人为安全运输所作的合理安排应当积极协助配合。

第六百零五条 承运人应当按照客票载明的时间和班次运输旅客。承运人迟延运输的，应当履行告知和提醒义务，并根据旅客的要求安排改乘其他班次或者退票；由此给旅客造成损失的，承运人应当赔偿，但是不可归责于承运人的除外。

第六百零六条 承运人擅自变更运输工具而降低服务标准的，应当根据旅客的要求退票或者减收票款；提高服务标准的，不应当加收票款。

第六百零七条 承运人在运输过程中，应当尽力救助患有急病、分娩、遇险的旅客。

第六百零八条 承运人应当对运输过程中旅客的伤亡承担损害赔偿责任，但是伤亡是旅客自身健康原因造成的或者承运人证明伤亡是旅客故意、重大过失造成的除外。

前款规定适用于按照规定免票、持优待票或者经承运人许可搭乘的无票旅客。

第六百零九条 在运输过程中旅客自带物品毁损、灭失，承运人有过错的，应当承担损害赔偿责任。

旅客托运的行李毁损、灭失的，适用货物运输的有关规定。

第三节 货运合同

第六百一十条 托运人办理货物运输，应当向承运人准确表明收货人的名称或者姓名或者凭指示的收货人，货物的名称、性质、重量、数量，收货地点等有关货物运输的必要情况。

因托运人申报不实或者遗漏重要情况，造成承运人损失的，托运人应当承担损害赔偿责任。

第六百一十一条 货物运输需要办理审批、检验等手续的，托运人应当将办理完有关手续的文件提交承运人。

第六百一十二条 托运人应当按照约定的方式包装货物。对包装方式没有约定或者约定不明确的，适用本法第四百零九条的规定。

托运人违反前款规定的，承运人可以拒绝运输。

第六百一十三条 托运人托运易燃、易爆、有毒、有腐蚀性、有放射性等危险物品的，应当按照国家有关危险物品运输的规定对危险物品妥善包装，作出危险物标志和标签，并将有关危险物品的名称、性质和防范措施的书面材料提交承运人。

托运人违反前款规定的，承运人可以拒绝运输，也可以采取相应措施以避免损失的发生，因此产生的费用由托运人承担。

第六百一十四条 在承运人将货物交付收货人之前，托运人可以要求承运人中止运输、返还货物、变更到达地或者将货物交给其他收货人，但是应当赔偿承运人因此受到的损失。

第六百一十五条 货物运输到达后，承运人知道收货人的，应当及时通知收货人，收货人应当及时提货。收货人逾期提货的，应当向承运人支付保管费等费用。

第六百一十六条 收货人提货时应当按照约定的期限检验货物。对检验货物的期限没有约定或者约定不明确，依照本法第三百零一条的规定仍不能确定的，应当在合理期限内检验货物。收货人在约定的期限或者合理期限内对货物的数量、毁损等未提出异议的，视为承运人已经按照运输单证的记载交付的初步证据。

第六百一十七条 承运人对运输过程中货物的毁损、灭失承担损害赔偿责任，但是承运人证明货物的毁损、灭失是因不可抗力、货物本身的自然性质或者合理损耗以及托运人、收货人的过错造成的，不承担损害赔偿责任。

第六百一十八条 货物的毁损、灭失的赔偿额，当事人有约定的，按照其约定；没有约定或者约定不明确，依照本法第三百零一条的规定仍不能确定的，按照交付或者应当交付时货物到达地的市场价格计算。法律、行政法规对赔偿额的计算方法和赔偿限额另有规定的，依照其规定。

第六百一十九条 两个以上承运人以同一运输方式联运的，与托运人订立合同的承运人应当对全程运输承担责任。损失发生在某一运输区段的，与托运人订立合同的承运人和该区段的承运人承担连带责任。

第六百二十条 货物在运输过程中因不可抗力灭失，未收取运费的，承运人不得要求支付运费；已收取运费的，托运人可以要求返还。

第六百二十一条 托运人或者收货人不支付运费、保管费以及其他运输费用的，承运人对相应的运输货物享有留置权，但是当事人另有约定的除外。

第六百二十二条 收货人不明或者收货人无正当理由拒绝受领货物的，依照本法第三百六十条的规定，承运人可以提存货物。

第四节 多式联运合同

第六百二十三条 多式联运经营人负责履行或者组织履行多式联运合同，对全程运输享有承运人的权利，承担承运人的义务。

第六百二十四条 多式联运经营人可以与参加多式联运的各区段承运人就多式联运合同的各区段运输约定相互之间的责任，但是该约定不影响多式联运经营人对全程运输承担的义务。

第六百二十五条 多式联运经营人收到托运人交付的货物时，应当签发多式联运单据。按照托运人的要求，多式联运单据可以是可转让单据，也可以是不可转让单据。

第六百二十六条 因托运人托运货物时的过错造成多式联运经营人损失的，即使托运人已经转让多式联运单据，托运人仍然应当承担损害赔偿责任。

第六百二十七条 货物的毁损、灭失发生于多式联运的某一运输区段的，多式联运经营人的赔偿责任和责任限额，适用调整该区段运输方式的有关法律规定。货物毁损、灭失发生的运输区段不能确定的，依照本章规定承担损害赔偿责任。

第十九章 技术合同

第一节 一般规定

第六百二十八条 技术合同是当事人就技术开发、转让、咨询或者服务订立的确立相互之间权利和义务的合同。

第六百二十九条 订立技术合同，应当有利于科学技术的进步，加速科学技术成果的研发、转化、应用和推广。

第六百三十条 技术合同的内容由当事人约定，一般包括以下条款：

（一）项目名称；

（二）标的的内容、范围和要求；

（三）履行的计划、进度、期限、地点、地域和方式；

（四）技术情报和资料的保密；

（五）风险责任的承担；

（六）技术成果的归属和收益的分成办法；

（七）验收标准和方法；

（八）价款、报酬或者使用费及其支付方式；

（九）违约金或者损失赔偿的计算方法；

（十）解决争议的方法；

（十一）名词和术语的解释。

与履行合同有关的技术背景资料、可行性论证和技术评价报告、项目任务书和计划书、技术标准、技术规范、原始设计和工艺文件，以及其他技术文档，按照当事人的约定可以作为合同的组成部分。

技术合同涉及专利的，应当注明发明创造的名称、专利申请人和专利权人、申请日期、申请号、专利号以及专利权的有效期限。

第六百三十一条 技术合同价款、报酬或者使用费的支付方式由当事人约定，可以采取一次总算、一次总付或者一次总算、分期支付，也可以采取提成支付或者提成支付附加预付入门费的方式。

约定提成支付的，可以按照产品价格、实施专利和使用技术秘密后新增的产值、利润或者产品销售额的一定比例提成，也可以按照约定的其他方式计算。提成支付的比例可以采取固定比例、逐年递增比例或者逐年递减比例。

约定提成支付的，当事人可以在合同中约定查阅有关会计账目的办法。

第六百三十二条 职务技术成果的使用权、转让权属于法人或者非法人组织的，法人或者非法人组织可以就该项职务技术成果订立技术合同。法人或者非法人组织应当从使用和转让该项职务技术成果所取得的收益中提取一定比例，对完成该项职务技术成果的个人给予奖励或者报酬。法人或者非法人组织订立技术合同转让职务技术成果时，职务技术成果的完成人享有以同等条件优先受让的权利。

职务技术成果是执行法人或者非法人组织的工作任务，或者主要是利用法人或者非法人组织的物质技术条件所完成的技术成果。

第六百三十三条 非职务技术成果的使用权、转让权属于完成技术成果的个人，完成技术成果的个人可以就该项非职务技术成果订立技术合同。

第六百三十四条 完成技术成果的个人有在有关技术成果文件上写明自己是技术成果完成者的权利和取得荣誉证书、奖励的权利。

第六百三十五条 非法垄断技术、妨碍技术进步或者侵害他人技术成果的技术合同无效。

第二节 技术开发合同

第六百三十六条 技术开发合同是当事人之间就新技术、新产品、新工艺、新品种或者新材料及其系统的研究开发所订立的合同。

技术开发合同包括委托开发合同和合作开发合同。

技术开发合同应当采用书面形式。

当事人之间就具有产业应用价值的科技成果实施转化订立的合同，参照技术开发合同的规定。

第六百三十七条 委托开发合同的委托人应当按照约定支付研究开发经费和报酬；提供技术资料、原始数据；完成协作事项；接受研究开发成果。

第六百三十八条 委托开发合同的研究开发人应当按照约定制定和实施研究开发计划；合理使用研究开发经费；按期完成研究开发工作，交付研究开发成果，提供有关的技术资料和必要的技术指导，帮助委托人掌握研究开发成果。

第六百三十九条 委托开发合同的当事人违反约定造成研究开发工作停滞、延误或者失败的，应当承担违约责任。

第六百四十条 合作开发合同的当事人应当按照约定进行投资，包括以技术进行投资；分工参与研究开发工作；协作配合研究开发工作。

第六百四十一条 合作开发合同的当事人违反约定造成研究开发工作停滞、延误或者失败的，应当承担违约责任。

第六百四十二条 因作为技术开发合同标的的技术已经由他人公开，致使技术开发合同的履行没有意义的，当事人可以解除合同。

第六百四十三条 在技术开发合同履行过程中，因出现无法克服的技术困难，致使研究开发失败或者部分失败的，该风险责任由当事人约定。没有约定或者约定不明确，依照本法第三百零一条的规定仍不能确定的，风险责任由当事人合理分担。

当事人一方发现前款规定的可能致使研究开发失败或者部分失败的情形时，应当及时通知另一方并采取适当措施减少损失。没有及时通知并采取适当措施，致使损失扩大的，应当就扩大的损失承担责任。

第六百四十四条 委托开发完成的发明创造，除法律另有规定或者当事人另有约定的以外，申请专利的权利属于研究开发人。研究开发人取得专利权的，委托人可以免费实施该专利。

研究开发人转让专利申请权的，委托人享有以同等条件优先受让的权利。

第六百四十五条 合作开发完成的发明创造，除当事人另有约定的以外，申请专利的权利属于合作开发的当事人共有。当事人一方转让其共有的专利申请权的，其他各方享有以同等条件优先受让的权利。

合作开发的当事人一方声明放弃其共有的专利申请权的，可以由另一方单独申请或者由其他各方共同申请。申请人取得专利权的，放弃专利申请权的一方可以免费实施该专利。

合作开发的当事人一方不同意申请专利的，另一方或者其他各方不得申请专利。

第六百四十六条 委托开发或者合作开发完成的技术秘密成果的使用权、转让权以及利益的分配办法，由当事人约定。没有约定或者约定不明确，依照本法第三百零一条的规定仍不能确定的，在没有相同技术方案被授予专利前，当事人均有使用和转让的权利，但是委托开发的研究开发人不得在向委托人交付研究开发成果之前，将研究开发成果转让给第三人。

《最新法律文件解读》丛书
稿　约

《最新法律文件解读》是一套以为最新法律规范提供同步"解读"为主的系列丛书,分为刑事、民事、商事、行政与执行4个分册,按月出版。

本丛书以"解读"为重点,突出全、专、新、快、准等特点,通过对最新出台的法律、法规、司法解释、部门规章以及重要地方性法规进行同步动态解读,弥补了法律、法规、司法解释汇编类出版物没有同步阐释、解读内容的不足,为广大读者学习理解最新法律规范,正确贯彻执行法律文件,及时解决实践中的新情况、新问题,提供一个全方位、多层面的法律信息平台。

欢迎您向以下栏目赐稿:

【最新法律文件解读】主要是对最新颁行的法律文件进行解读,帮助司法和执法人员正确理解法律文件的立法背景、意义、重点内容、在适用中应注意的问题、与相关法律文件的衔接与互动关系等等。

【司法实务问题研究】主要刊登对司法理论、实务及司法管理工作中的热点、疑难问题进行研究及评论的文章。

【新类型疑难案例选评】主要是对司法和行政执法实践中具有典型性和代表性的疑难案例,结合具体案情以及审理或处理结果进行简练精辟的点评,解析认识问题的方法、处理问题的法律依据和在个案中的具体适用。

【法学前沿与新视点】以摘要的形式刊登相关法学理论研究的最新动态及具有代表性和典型性的前沿问题,扩展法学研究的深度和广度。

【法律适用问题解答】主要针对司法和行政执法实践中面临的新问题、热点问题、疑难问题进行简要的解答,指出涉及的法律关系,明确法律适用依据。

稿件一经刊用,即付稿酬,稿酬从优。

《刑事法律文件解读》　姜　峤　邮箱:bj85250573@126.com

《民事法律文件解读》　丁丽娜　邮箱:dlnlaw@163.com

《商事法律文件解读》　路建华　邮箱:shangshijiedu@126.com

《行政与执行法律文件解读》　张　奎　邮箱:271717306@qq.com

人民法院出版社

《最新法律文件解读》丛书编辑部